叔本华论生存与痛苦

叔本华哲学，问心无愧之境

Schopenhauer Philosophie,
keine Fragen auf dem Herzen zu behalten

［德］叔本华 著

叔本华论生存与痛苦

齐格飞 译

上海人民出版社

译　者　序

　　暌违多年,叔本华哲学思想的又一新译本《叔本华论生存与痛苦》终于与各位读者见面了!说"新"是因为上海人民出版社一直耕耘的叔本华系列丛书又有了新的成员;但说"不新"是因为译本中的几篇已有译文,应出版社的要求又重新译了一遍。

　　《叔本华论生存与痛苦》一共收录了叔本华不同时期的 12 篇文章,其中《论女子》、《论政治》、《论自杀》、《逻辑与辩证法》、《对存在虚无理论的补充》、《关于泛神论的一点看法》、《我们的真实本质的不灭性》以及《对物自体之反面现象的一些考察》均选自《附录和补遗》第 2 卷,《论艺术的内在本质》、《论人类的形而上学需要》和《论人世的痛苦》均选自《作为意志和表象的世界》第 2 卷,《论争术》选自《叔本华遗稿》第 3 卷。译本的内容涵盖了叔本华哲学思想中的美学伦理学(包括政治学)、逻辑学与意志形而上学。"意志形而上学"的称谓是为了与其他(特别是与中世纪)形而上学体系相区分,它在 20 世纪以后才出现。

　　我在译本中将叔本华哲学思想的核心概念之一 Wille 译成了

"意志"，没有采取韦启昌先生的译法"意欲"，在同一套丛书里对同一个概念居然可以有两种不同的译名，因此，十分有必要向各位读者作出说明。

首先申明，我并不反对韦启昌先生将 Wille 翻译成"意欲"，同时对韦先生多年来辛勤地将叔本华哲学思想译介成汉语的劳动表示由衷地敬佩！

我将 Wille 确定地译为"意志"，纯粹是出于一个稳妥的考虑：第一，"意志"这一译名在东亚已经存在了一百多年，完全就是对应 Wille/Will 这一德文单词，在习惯上和传统上已经形成了稳定的对译关系。第二，如果单独地将 Wille 翻译成"意欲"，显然切断了叔本华思想中的 Wille 与所有其他意志学说因译名的相同而继续保留下来的纽带关系；叔本华的 Wille 概念，早在中世纪的时候就已经是十分热络的哲学话题了，尽管叔本华赋予了 Wille 一词一个新的生命，但他依然没有生造出一个新词表达与表象世界对立的另一面，取代 Wille 这个概念。最后，如果说"意志"确实不能满足表达 Wille 真实内涵的要求，我们寻觅一个新的译名，似乎需要就此达成某种程度的共识。不然，今天用 A 译名，明天又有人用 B 译名，届时会给翻译工作和读者阅读带来许多不必要的麻烦。

另外，我已将叔本华的《颜色理论》的大部分内容翻译完成，最后没有放进新译本的原因是，叔本华是在批判牛顿和歌德色彩学说的基础上，提出了一些新的有关颜色的假说，并形成了自己的一套新的颜色理论。我并非专门从事自然科学的研究工作，担心不能正确地将原文翻译出来；加之目前国际上针对此问题的研究成果也极其稀少，暂时将叔本华的《颜色理论》束之高阁了。期待和欢迎从事物理学、光学研究和从事相关工作的读者们，以及熟识歌德色彩理论的学者们，可以不吝赐教，如有可能来共同研究叔本华的颜色理论，希望不久的将来可以最终将《颜色理论》以科学严谨的态度奉献给广大的读者。

是为序。

齐格飞
2015 年 4 月于莱茵河畔

目　　录

意志形而上学导读[1]

围绕叔本华哲学的意志形而上学,本书选译了《作为意志和表象的世界》第2卷中的《论人类的形而上学需要》与《论人世的痛苦》,以及《附录和补遗》第2卷中《对存在虚无理论的补充》、《关于泛神论的一点看法》、《我们的真实本质的不灭性》、《对物自体之反面现象的一些考察》等篇目。叔本华在《作为意志和表象的世界》第2卷的最后一章"后哲学"中这样描述自己的哲学:

在这本书的结尾我想就我的哲学思想再说一点内容,正如我曾说过的,我的哲学并不是要以僭越的方式把世界存在的最后根源——诉说出来,倒不如说我的哲学就根植在内在与外在经验的现实之中,我的哲学向每一个人都敞开,我的哲学证明了内在与外在经验中真正最为深刻的连续性为何物,但是却又根本不需要逾越经验走入什么外在于世界存在的物之中,走入外在于世界之物与世界的关系之中。我的哲学中没有一条结论指向异于可能经验的实在之物,而是干脆在外部世界与自我意识所给予的东西上来谈论问题,从而就在世界本质的内在连续性中把握住世界的本质。用康德的话来说，我的哲学便是内在的。

所谓内在即是相对于超验而言的，区别在于内在的哲学不再去追问：

为什么以此种方式证明出来，为什么不以别的什么方式？

叔本华举例说，当人们继续向他追问：

那自由地肯定了自己的意志，因此现象世界得以呈现出来，以及自由地否定了自己的意志；因此我们便不再认识什么是现象的意志，究竟从何而来？难道说是那经验彼岸世界中的厄运，根据一份糟糕透顶的折中方案，用一个由痛苦与死亡主宰的世界替换掉意志，或者说以此来否定自己最内在的本质吗？还是说为了维护意志，就要将无限美好的安详状态打破吗？

以及当我们再问：

要是我不是生命意志，又该是什么？

便不再是叔本华哲学所能够回答的，因为

或许只能这样来回答这一问题了，那即是说我们智力最普遍与最寻常的形式是根据律,根据律只能运用于现象而不能诉诸物的本质。所有从何而来与何以如此的追问,都涉及了物的本质问题。

叔本华提醒过我们,康德已经告诉了我们,我们的智力不可能被运用到物自体之上,那作为意志工具的智力,根本就回答不了这样的问题:

> 知识只是作为我们的大脑现象为我们所知,但是我们并不是因为没有权利去做他想做的,而是因为我们没有能力。我们理解的是世界之为世界的那副模样,世界是现象,我们所能做的就是以我们自身为直接出发点,借助自我意识的分割去认识正在现象中显现出来的东西,然后捏着这一把打开世界之门的钥匙,在所有现象的整体性上对所有的现象进行解码。

哲学便是对这世界的解码,叔本华在《论人类的形而上学需要》一文中如是说,解码即意味着只能依靠我们已经拥有的知识来尝试解开世界之谜,而

> 物的内在本质自身不是自我认识的东西,不是什么智力,而是不可被认识的,知识无非是偶发性的附属物,是本质成为现象的辅助工具,从而只能依照知识为其他目的(即个体意志目的)服务这一特点,以不完善的方式将物的内在本质接收过来。由此可知,对世界的存在、本质和起源要求一个全面的解

释，要求一个还原到最终根据之上，并且满足所有要求的理解，是不可能的。这是我的哲学的界限，也是所有哲学的界限。

表象世界是意志世界的客体化，这一关系是显而易见的，意志世界是一，而表象世界是多，表象世界由于根据律，也就是受制于我们的认识能力，表现为多。叔本华宇宙中一与多的关系展现在意志的客体化过程中，叔本华说：

> 这个一究竟是什么以及如何自我呈现为多，确实是个问题，但是人们现在可以在我这里找到答案了——自古以来人们就把人说成是小宇宙（Mikrokosmos），不过我却把这句话颠倒了过来，我证明了世界其实是一个大人（Makran-thropos），只要意志和表象就像大人的本质那样，在这个世界里没有遗漏地被诉说出来，更正确的说法毫无疑问还可以是这样，即以人为出发点来教导我们如何理解世界。因为只有以直接被给予物为出发点，也就是从自我意识出发，才有可能解释清楚间接被给予的，即解释外部直观包含了什么样的内容。

我们会很自然地想到某种泛神论式的主张，叔本华自己也承认其哲学与泛神论思想家（包括哲学家与神学家）的理论之间存在着某种共通之处，但是本质上

> 我和泛神论者只是在一与多（εν και παν）这个问题上有

着共通之处，而不是在神无处不在($\pi\alpha\nu\ \theta\epsilon o\iota$)这个提法上有什么共鸣，我并没有逾越经验（最广泛意义上的经验）来开启我的思考……我与泛神论者的区别主要在以下几个方面：(1)泛神论者的神($\theta\epsilon o s$)是一个 X，一个未知值；而意志相反，对我们而言，在任何可能的情况下都是确定的已知，是直接被给予的，毋庸置疑可以被用来解释其他事物。因为无论发生什么我们都必须从已知出发来解释未知，而不是相反，用未知来解释已知。(2)泛神论者的神以启示出自己为乐，以此来彰显自己的统治，或者向人们显示出神迹。我们撇开添加在神名义之下虚荣的矫揉造作不论，则神有责任也必须将世界上数不尽的灾难一并祛除，但是在这世界与（设定出来为）神所拥有的优越性之间，依然存在着令人惊惧与恐怖的矛盾。然而在我这里，意志通过客体化（就像客体化被取消时的情形一样）成为了自我的认识，从而对意志的扬弃、转变与解脱也就变得可能。伦理学正是基于此点，从我这里获得了一个安全的基础，可以完整地演绎出来，并且还可以与伟大深邃的各种宗教，也就是与婆罗门教、佛教以及基督教协调起来，唯独不与犹太教和伊斯兰教相适应罢了。美之形而上学也借助我的基本真理得到了全面的诠释，不再需要藏身在什么空洞的辞藻之后了。也只有在我这里，世界的灾难才从整体上被诚实地承认了，世界上的各种灾难之所以会以此面目昭示于人，则是因为其实对何为灾难本源的回答与对何为世界本源的回答是一致的……(3)我以经验为出发点，从自然而然给予每个人的自我意识出发，回溯到意志的身上，把意志当成唯一的形而上学之物,也就是当成一个不断向上提升的分析进程。泛神论者们的出发点却完全相反,是一个不断向下降低的综合进程。所以,他们的神有时候也被叫做实体或者绝对体,从他们的神那里要求或者强求一个出发点,就是用全然的未知来解释所有我们更熟悉的事物。(4)在我这里,世界并没有把存在(Seyn)拥有的所有可能性都填得满满的,还为一样东西预留了许多空间,那便是我们从消极的层面上称为生命意志之否定的东西。泛神论本质上却相反,它是乐观主义:假如说现在这个世界是最好的,那么我们便不要逾越了这个世界。(5)泛神论者们认为,直观的世界,即作为表象的世界,也是内驻于世界中的神一次有目的的启示,但是这当中并未包含任何有关这一启示如何生成的内容,倒不如说其自身还要一个解释。在我这里,世界作为表象纯粹是偶然(per accidens)发生的,智力与其对外部的直观,只是首先充当了动机的生成媒介,为更全面的意志现象服务。该种媒介不断提升自我的直观性与客体性,世界便在直观性与客体性之中。

叔本华的唯意志主义(Voluntarismus),即意志形而上学带有鲜明的悲观主义色彩,叔氏的悲观主义主要体现在其伦理学和解脱论中。更准确地说,我们应当在意志形而上学的核心,也就是在意志这个假定上来窥探其哲学中凸显出来的悲观主义论调,这就不得不提到他的悲观主义与斯宾诺莎的乐观主义之间存在的矛盾:

　　康德提出了对所有怀疑神学的批判之后,德国的哲学思考者们几乎全部都重回斯宾诺莎那里去了,乃至各种已知的错误尝试也都被冠上了后康德哲学之名。不过,那些人纯粹都只是在粉饰空谈,他们的学说都是没人能懂的空话,是扭曲变形的斯宾诺莎主义。就我的理论与泛神论之间的关系做了一番叙述之后,我还想就与斯宾诺莎主义相比特殊的地方再做一点补充。我的理论与斯宾诺莎的关系就好比《新约》之于《旧约》。《新约》与《旧约》的相同之处只是在于拥有同一个造物主。与此类似,世界在我这里以及在斯宾诺莎那里,都是由内在的力量生发出来,并且依靠自己变成了世界。不过在斯宾诺莎看来,永恒的实体(substantia actema)才是世界的内在本质,他将这一本质冠上了神(Deus)的称号,世界的内在本质就其道德性格与价值而言,便是耶和华,那为自己创造的世界拍手称快的造物主,发现所有的东西都美极了,一切都甚好[2](πάντα καλά λίαν)。斯宾诺莎除了撤去神的个别性之外,并无其他贡献,世界以及在世界中的一切在他那儿都好极了,正如其应是的那样……简而言之,便是乐观主义。斯宾诺莎的乐观主义犹如《旧约》一样蕴含的伦理成分十分薄弱,甚至可以说就是错误的,有的地方简直令人反感——相反,意志说或者说世界的内在本源并不是耶和华,更像是在说那被钉在十字架上的救世主耶稣,或者是与耶稣一道被钉在十字架上的强盗,具体采取哪种说法因决定的不同而有所差异。我的伦理学便因此与基督教伦理学协调了起来,但是只要斯宾诺莎还是一个笛卡尔主义者,那么他在《形而上学论》[3]中教

导给我们的也就只有那些东西。斯宾诺莎直到晚年才察觉到
那个二元论中的基本错误，至此之后他才开始间接地扬弃二
者之间的对立……与所有洛克之前哲学家所犯的错误都如出
一辙，他们都是以概念为出发点，却没有在此之前来探究概念
的根源何在，那些概念何以充当实体、原因，等等，而这些实体
和原因在随后的推演过程中，其效力迅速地膨胀——那些在
我们的时代中不再拥护流行斯宾诺莎主义的哲学家们中，如
雅各比[4]，大多数人是被宿命论的鬼影从新斯宾诺莎主义中
拉了回来。然而任何一种宿命论学说无非是说，世界存在以
人类种族的批判性立场为前提，进而溯回到某个绝对的、不可
解释的必然性之上。而那些哲学家们的理论则是相信说，所
有一切都维系在一个点上，世界是从外在于世界存在的本质
所产生的自由意志行为中被推导出来的，好像这样一来就可
以提前确知，他们的理论似乎比前两者都更正确，或者说就我
们的视野而言更加完善。尤请大家注意，这样一来便提前设
定了没有第三种可能性（non datur tertium），如今任何一门
哲学都要么只是代表了这种或者代表了另一种而已。我从中
脱离的方法是建立起了一个真正的第三者（tertium）：世界是
从意志的行为中生发出来的，但此意志行为是我们的意志行
为。我们的意志行为是自由的，因为必然性只在根据律那里
有意义，而根据律纯粹只是意志现象的形式。尽管现象在其
显示的过程中是绝对必然的，我们却依然可以从现象中察觉
到意志行为的特征，并另辟蹊径。

注释

[1]　根据《作为意志和表象的世界》第 2 卷中"后哲学"篇撰写该篇导读。在"后哲学"篇中，叔本华对自己的哲学及其对象做了提纲挈领式的总结，为方便读者，特别是为使未接受过专门哲学训练的读者，也能顺畅地理解叔本华的意志形而上学，故请允许我将《后哲学》一文以一篇导读的形式翻译出来。文中仿宋体字均译自"后哲学"篇。——译者注

[2]　参见《圣经》创世记第 1 章第 31 节。——译者注

[3]　书名的原文是 *Cogitatis metaphysicies*。——译者注

[4]　应指弗里德里希·海因里希·雅各比（1743—1819），德国哲学家。——译者注

论　女　子^[1]

§ 362

　　席勒那首思绪辗转,借助反题与矛盾的手法写成的名诗《女人的高贵》,我以为反不如茹伊^[2],茹伊的诗虽只有寥寥数语,但对女子的赞美却很真实:

　　　　无女人,则无物以助生之诞,则无生之乐,亦无死之慰也。

　　拜伦在戏剧《萨丹纳普鲁斯》第一幕第二场中,比茹伊更为激动地抒发道:

楔　子

母腹孕育生命,
她唇教你牙牙学语,
她手拭去你的初泪,
她耳常听你的衷肠,

> 尤当男人们逃避，
>
> 不忍目睹那，
>
> 他们曾经的领路人，
>
> 行将就木，
>
> 她便在那。

两者准确勾勒出的，正是女子品德的写照。

§363

此处着墨刻画出的女性形象使我们知晓，女子并非注定要承担精神的抑或身体的沉重劳动。女子不是以积极的作为而是以忍耐担起了生活的重责，她须承受分娩之痛，照料哺育幼孩以及顺从丈夫，成为忍让和愉悦丈夫的合格妻子。最为激烈的痛苦、快乐与力量降临不到女子的身上，女子作为丈夫的妻子，其一生都在较为平静、默默无闻与温和的岁月里匆匆流逝，也就没有本质上的幸与不幸。

§364

为恰好能恪尽抚育与启蒙初生孩童的责任，女子放任自己恍若婴孩一般幼稚而短视，总而言之，可以说女子终其一生都是长不大的孩子——若视男人为标准的成人，那么女子是介于孩童与男人中间的一种形态。只须请读者留神某位少女，观察她如何与孩童一道嬉戏、唱歌与跳舞；只须试想，若换做一位男子，是无论如何都做不到位的。

§365

诸位早已察觉，与少女们的天性相提并论的东西，的确只有人们在一出戏剧的情节中发现的意外惊喜，只是赋予少女们的天性，即楚楚动人的美貌、惹人怜爱的娇媚与令人陶醉的丰盈只有短短数年，却要用全部余生来为之付出代价，如此一来便驱使少女们在那数年间必是要施展其浑身解数，以俘获男人的心，使之不能自拔，并以任何一种形式信誓旦旦地保证照顾她们的余生；为使男人陷入此步，光有纯粹的理性考虑，看上去还不足以保证成功。所以如自然界中任何一种创造物一样，大自然还用兵器与工具将女子武装起来，大自然先使她们安全地存活下来，给予充足的时间来满足她们的生存需要，当然女子们同时亦极善于习惯性地节约成本。正如雌蚁的翅膀在交配之后便会脱落，原因无非在于，雌蚁的翅膀此时已显多余，会威胁到孵卵产子，多数的女子们在产下一胎或是二胎后，也尽失其容貌——两者之间恐为同理。

于是，当姑娘们韶华犹在的时候，打心眼里未曾把家务与劳作当回事，充其量无非是为了消遣：她们唯一上心的工作就是追逐爱情和占有异性，以及乐此不疲地投入到与之有关的事业中，比如梳洗打扮和引伴共舞，等等。

§366

　　倘若某物较之其他更高贵且更完善，则其日臻成熟的过程也要来得更晚且更漫长。在 28 岁之前鲜有男人急求其理性与精神力的成熟，女子却是在 18 岁时，但女子的理性也因此只能算是恰巧堪用。有此缘故，女子便终其一生都是童心未泯，目中所视惟有眼前，生活附着于现时，认事物之表皮即为事实，行事不分轻重缓急。理性之所以称为理性，是因为人类由此不再如动物一般，赤裸裸地生活在现时的桎梏中，而将目光延入往昔以待未来，得以深思而熟虑，人类由此也生出谨慎、操劳之心，乃至常常有惶恐之感。可惜，由于女子的理性过于微弱，女子与理性自有的此种利与弊，也就很少能沾上边，倒不如说女子是精神上的眨巴眼[3]。女子的直观领悟力可犀利地洞穿眼前之物，但其眼界就相对地变狭小了，遥远的东西故而落不入（她的思虑中）。这就是说，所有一切非眼前的、已逝去的与尚未到来的东西对于女子的影响，相比对于我们（男人）要弱得多，由此也易使女子们生出挥霍浪费的癖好来，女子们此种癖好之突出，有时已近不可理喻：

　　　　挥霍乃女子之天性。

　　　　　　　　　　　　——米南德[4]：《歌集》第 97

女子们心中认定，男人的天职便是挣钱；相对地，女子的天职便是花钱；如有可能，终男人一生，女子都要认真履行此项职能，最低限度也当在其男人去世之后便开始履职。男人将辛苦所得交付女子支配以管理家务，更是令女子们倍增信心。——如此种种事实虽然害处颇多，却依然有一利：女子们比我们（男人）更耽于现时之中，那即是说，只要她们能承受现时之重，便能比我们更多地享受到现时之乐，享受到为女子们所独有的愉悦欢乐，女子们更善用之，舒缓为生计而奔波的男人们的压力，如有所需，以之抚慰疲惫不堪的男人们。

古日耳曼人的习俗，当部族遇到棘手之事时，也会认真倾听其女性成员的意见，此种做法绝非什么有伤风化的陋习。因为女子们认知事物的方式与我们（男人）全然迥异，尤其是她们不知疲倦地巧取捷径实现目标，并且女子们所制定的行动计划，依据的必定是马上便能应验的事实，而我们（男人）就算事实摆在眼皮底下，也常常是好高骛远，以致随后常为形势所逼，不得不重回原点，重新思量一番，寄望获得贴切而简单的想法。总而言之，因女子们眼前所见，除了现实之物外再无其他，所以她们做决断时往往比我们（男人）更冷静；我们则相反，当激情被点燃时，很容易夸大事实或是掺杂想象成分。

根据此本源性区别，我们可推导出如下结论：相对男人，女子表现出更强烈的同情心，展现出更博大的慈爱心和更多对不幸遭遇的感同身受，但在正义感、正直性和责任心等方面屈居男人之后。原因是由于女子们的脆弱理性，使得眼前之物、直观之物与直接现实之物支配了她们，与之不同的抽象思想、坚持不懈的准则、坚定不移的决断，还有就是对过去和未来的深思，对不在眼前与遥远事物的顾虑,是女子们极少能驾驭的。女子固然是握有实现美德的第一性基本原料,不过却缺少了次要性的工具,缺少为实现美德而必须准备的工具。人们不妨因之将女子比作一种有机生命体,它虽有肝脏,却没有胆囊。我请读者们参阅我的论文《论道德的基础》第17章,人们从中还将会得知,女子们的性格中有一个根本缺陷:不义。女子的不义缺陷,如文中所提,首先起源于女子缺乏理性与深思熟虑;再者促使女子拥有缺陷的缘由,是女子作为自然界中较弱的一方,所能指靠的就不能是力量,而只能是手段,女子们在本性上就有阴柔狡诈与不可遏制的撒谎欲。正如狮子有利爪与利齿,大象有长牙,公猪有獠牙,公牛有角,乌贼有使水浑浊的墨汁,大自然以诈术来武装女子,使之能自我保卫与防护,大自然把所有的力量,以强健体魄与理性的形式授予男人,却以一种自然天赋的形式赐予女子。女子生来便会耍诈,无论聪明还是愚蠢,皆深谙此道。女子们逮着机会便会自然地使出诈术,如动物们在攻击时会使用利器一般,并且在某种程度上,女子们还会觉得是在行使自己的正当权利。是故,要求一位女子完全正直而不耍诈,或许是行不通的。正因如此,女子能轻易识破别人的伪装,在其面前耍弄手段实为不智之举。——女子的虚假、不忠、背叛、忘恩负义等丑行,皆以此种本质缺陷及其伴生物为根源。女子在法庭上所犯下的伪证罪,远比男人多得多,一直以来人们都在争论,是否还允许女子于法庭上起誓。——衣食无忧的妇人们光顾商店时,顺手牵羊往衣兜里悄悄塞些东西的逸闻,从古至今不绝于耳。

§367

为繁衍人类种族,大自然召唤出年轻、强壮与俊美的男子,使之香火不绝。此即大自然之顽强意志,但自然意志流淌出的却是女子的柔情。该自然法则具体施加在每个人身上,因年龄与力量的改变亦有所不同。倘若有人为实现自己的权利与利益,竟变成了施行此法则的阻碍,当他初次起念时,大自然便会将他的全部权利与利益,包括他所谓的主张与行为,一并毫不手软地碾碎掉。因为女子们之间秘密而不可言说的伦理,无法意识却又是与生俱来的伦理便是:"我们有理由去欺骗某些人,因为这些人极少考虑为我们(制造)个体,却自以为已经履行了人类繁衍物种的权利。人类物种的特质与繁荣依靠我们生下的下一代,故而全操于我们之手,有赖于我们的细心呵护:我们愿意认真操持。"但是,女子们绝不会以抽象认识体悟到此一至高的基本原则,毋宁说女子们纯粹是实际地意识到。当机遇来临之时,女子们的行为方式使之从良心处获得的镇定,多数时远比我们想象的还要多,女子们在内心深处最隐晦的根源上自我意识到,以损害制造个体的义务为代价,却能更完满地履行繁衍种族的义务,女子们的权利也会无限制地扩大。——没有任何别的表达,可以比之更好地解释女子们对此原则的熟谙了。我的主要著作[5]第 2 卷第 44 章就这一情况做了进一步解释。

根本上女子全然只为种族延续而生,此即女子职责之所在:她们注定要更加以人类种族为生活目标,不再仅为个体而活,比起面对个体的种种琐碎,内心中会更加严肃地看待与种族息息相关的事情。不可否认,这也为女子的全部本质与行为抹上了轻率的色彩,令女子们迈入一条与男人截然不同的生活道路,婚姻生活中夫妻几近沦为常态的不睦,十之八九由此而来。

§ 368

男人之间相互冷漠,此为自然之理;女子之间相互仇视,亦为自然之理。所以有句话说"同行相欺"[6],男人之间的冷漠,尚局限于其所从事的具体行当,但所有女子从事的行当只有一个,于是女子之间的仇视便波及全体女性的身上。大街上相互照面的女子们,像归尔甫派和吉柏林派[7]党人一样来审视对方。两位女子初次结识时,比之男人惺惺作态与装模作样之举会更加露骨,两位女子开始相互恭维对方,比之男人矫揉造作之态则更加可笑荒唐。当某位男士与地位低于自己的人攀谈时,习惯上还总要带着顾虑,顾及其中的人情;可当某位雍容华贵的女子无意间撞见一位低贱的(不与其相称的)女子,必须与之攀谈时,贵妇身上散发的骄傲神情与对低贱女子的轻蔑神态,简直可谓不堪入目。比起我们(男人),女子心中所有关乎等级的区分,更加处在浮动不定之中,对之态度的改变来得更快,消失得也会更快。至于原因则可以说,男人心中的秤可以载百物,但只有一种东西可以落入女子的怀抱,那便是哪位男士令她芳心暗动了。于是,女子们因其职业的片面狭窄,比之男人,相互之间的距离更为接近,所以必须绞尽脑汁来突出相互之间地位与等级的差别。

§369

惟有受性冲动蒙蔽而恍惚的男性智力,才会把生长不良、肩膀瘦小、臀部肥大、腿又短的女性,冠以美丽之名,不过在此冲动中却包含了女性全部的美。人们似乎更有理由把女性称为"审美缺乏"。事实上女子们之于音乐、诗歌乃至造型艺术,确实是一窍不通的,是毫无感受力的;倒不如说,当女子们假装欣赏与谈论艺术时,纯粹只是在诱导异性注目于己。所以女子们没有纯粹客观审视事物的能力,至于理由,我以为可以归结如下:一切男人所致力追求的是凌驾于万物的直接统治权,要么通过锤炼领悟力,要么通过征服行动;然而女子却总是一贯定睛在一个间接的统治权上,当男人必须直接统治万物的时候,女子统治男人。所有一切在女子眼中,依其自然本性的要求,都会被看成是用以虏获男人的工具。至于说女子们对别的什么事物上心,永远不过是惺惺作态罢了,纯粹只是一个迂回手段,目的仍然是搔首弄姿和引诱异性。所以卢梭说,

> 大体上女子们不喜任何艺术,毫无才华可言,亦无任何天分。
>
> ——《致达朗贝尔的信》,注解 20

任何一个人,只要不为假象所迷惑,都已经对此有所感触了。人们只消在欣赏音乐、歌剧与戏剧时,留心观察一下女子们分散注意力的方向与方式,例如,瞅瞅她们孩童般的无拘无束,哪怕身处某部

最伟大作品的最完美瞬间之中,她们依然照旧咿咿呀呀说个不停。若是希腊人真的不曾允许女子欣赏戏剧,那么他们的做法也是很有道理的,至少人们在希腊人的剧院里确实还能听到些东西。与我们时代的情形相适宜的做法,恐怕就是要在那句

聚会中女子当沉默不语。

——《圣经·哥林多前书》,第 14 章第 34 节

后面再加上一句"剧院里女子当沉默不语",或是干脆取而代之,并且全部用大写字母书写,镶在剧院的帷幕上。——此外,假若人们再仔细审视一番,便不会对女子抱有任何什么别的期许,人们发现,即使女性中最优秀的头脑,也从未在各种美丽的艺术领域内,确实产生过独一无二的贡献、拥有过伟大高贵与不同凡响的成就,也的的确确从未能够在世界中,留下任何一幅具有持久价值的作品。男女在绘画上展现的差异最能解释这一点,因为为女子们所适用的绘画技巧,至少也一样适用于我们(男子),可是就算女子们也如我们一样刻苦努力作画,却依然制造不出独具匠心的伟大画作来。绘画才能最直接的要求就是精神的客观性,而所有的精神客观性女子们都缺乏:她们永远是主观的。正如人所说,艺术的真正感受力不会一夜间降于粗鄙之人身上,因为"自然不突进"。瓦特[8]在他那本三百年来为人熟知的著作《对科学才智的检验》(*Examen de ingenios para las sciencias*,安特卫普,1603 年版)中,也否认女子们具有所有一切较高级的才智,在前言(第 6 页)中瓦特写道:

女子大脑中含有的自然组合体，既不能适应丰富的精神，也不能适应多样的科学。

在第 15 章（第 382 页）中他又说，

只要女子囿于其自然天赋中，那么一切形式的文学与科学都会令女子的精神不悦。

再到第 397 和 398 页，

女子们（由于为女性所独有的寒度与湿度）无能力取得高深的精神，我们见到，她们装作机敏干练地与人谈起无足轻重与鸡毛蒜皮的小事。

部分与个别的例外并不能改变事实，从整体上来看，女子们就是彻头彻尾无可救药的市侩：女子们最为荒唐的举动，莫过于分享着男人的头衔与地位，不断地刺激男人的庸俗野心；更不要说当今社会的腐败现象，正是由女子垄断与主导。针对第一点，我们当奉拿破仑的话为正典，他说

女子没有荣誉感。

另外，尚福尔[9]说的也很在理：

她们就是善于应付我们的弱点，利用我们的愚蠢，但奈何不了我们的理性。在她们与男人们之间只有流于表面的好感与同情，极少能在精神、灵魂与性格上互相博得好感。

——尚福尔：《箴言与思想》[10]第 2 章

女子们是更弱的性别（sexus sequior，参见阿普列尤斯[11]的《变形记》第 7 卷，第 8 节），在任何情形下都屈居次席的女性，正因为这样的脆弱才使人怜惜；然而，若是人们依此便说证实了对女性敬仰之情的合理之处，却又是过分地好笑了，恐怕连女子都会因此低看了我们。当大自然把人类的性别割裂成两部分的时候，并没有严格地从中间切了一刀。在两极对立的情形中，正极与负极的区别不纯然是数量上的，更应当是质量上的。——古人与东方民族看待女子的方式便是如此，他们在了解什么位置适合女子这一点上，要比我们正确得多，我们满脑子都是陈腐的法国式的恭维献殷勤，充斥着赞美异性的乏味溢美之辞，手里捧着基督教—日耳曼式愚蠢的雨润滋养下盛开的最妖艳之花，因此受愚蠢的驱使，我们挖空心思使女子们变得骄傲自负与肆无忌惮。有时人们会不自然地想起瓦拉纳西的三圣猿[12]，在这三位圣猿神圣与无损的意识里放任一切，对任何事物都听之任之。

西方世界里的女子，如人们称呼其为"女士"，显然被摆在了"错误的位置上"。理由是，就像古人理直气壮地称女子为"劣等性别"（sexus sequior），女子没有任何合适的理由成为我们崇敬与赞誉的对象，女子更毫无理由把头抬得比男人还要高，更加不适合与男人享有同等的权利。我们已经目睹够了这个"错误的位置上"造就的恶果！不过如今在欧洲，我们似乎还可以非常期待，重新分配给人类性别中的次席占据者与其自然地位相符的角色，并为"女士—胡作非为"设定一个（上限）目标，为此给社会、市民与国家政治带来功德无量的结果；不然的话，就不仅仅是全亚洲的人在嘲笑我们，恐怕连希腊人和罗马人也会来耻笑我们了。——萨利克法[13]，这部多余的"陈词滥调"（truism）本来是一点必要都没有的。本来也就不该有什么纯正的欧洲女士，有的只是家庭主妇，而希望成为家庭主妇的姑娘们，人们就不该将她们的傲慢也培育起来，应教会她们如何尽职家务与如何顺从。然而正因为目前的欧洲还游荡着所谓的"女士"，所以女性中的绝大多数，即下层社会的女子们，比东方社会中的女子们要百倍不幸。甚至连拜伦爵士（参见托马斯·摩尔[14]编《信件与日记》中《1821 拉文纳日记》，第 2 卷，第 399 页）都说：

> （我已）就古希腊人中女子的地位作过一番思考——全然是得体的。如今女子们的角色，野蛮愚昧的残渣，骑士制度与封建时代的剩余——是人为的，违背自然的。女子们应当全心照顾家庭——饮食充裕、衣着得体——而不应在社会中接受教育。即便因为宗教的缘故受到了良好的教育——也非获取能力来阅读诗学与政治学著作——充其量读得懂祈祷手册与烹调书罢了。演奏、绘图、舞蹈，偶尔也修剪一下花园，时不时在田间劳动一番。我曾在伊庇鲁斯[15]看到，她们出色地修复了当地破损的道路，但是为什么却不能做得像打理草堆与挤奶一样好呢？

§370

在我们一夫一妻制的世界一角中,婚姻意味着权利的减半与义务的加倍。然而,当法律将女子与男子摆在同等的位置,使其享有权利的同时,似乎也应当赋予女子们一份男性的理性才是。法律授予女子们的权利与荣誉逾越自然的比重[16]越高,女子们当中真正享受到这种种好处的人数越少,但是剩下的女子们所享受到的顺应自然的权利,却与那群少数派所拥有的顺应自然的权利,在数量上是一致的。因为这桩违背自然的好事,是由一夫一妻制度和依附于一夫一妻制的婚姻法,以断然视女子为男人全然等值体(毫无根据)的方式授予女子的;但聪明谨慎的男人却常常满腹狐疑,不知是否要为婚姻付出这么巨大的牺牲,是否该就此走入一段不平等的婚姻关系中。[17]相反在多配偶制的民族中,每一位女子都不必为衣食发愁,但在一夫一妻制度下,婚配女人[18]的数量却受到了限制,不可计数的无助女子成为了社会的剩余,在上层社会中这些女子变成无用的老处女,度日如年;在下层社会里这些女子却要负担起与之不相称的繁重劳动,或是干脆沦落风尘,过着极不快乐与没有尊严的生活,必须在此情形下沦为满足男性需要的工具,为此甚至出现了一个被人公开承认的社会群体,她们存在的特殊目的就是保护那些已受到命运眷顾的女子,保护那些已经寻觅到丈夫与有希望找到丈夫的女子不被人诱奸。仅在伦敦,风尘女子的数目就已达 8 万。她们不正是一夫一妻制度下身世最为悲惨的女子,不正是一夫一妻制度祭坛上的真实活人祭吗?所有这些处境艰难的女子，都是那些狂妄与骄傲的欧洲女士扔不掉的账单。如若我们把女性当成一个整体，那么多配偶制确确实实是一桩美事。再者说，人若用理性的方式思考便不能回避一个问题，即为什么当一个男人的妻子患上了慢性疾病，或是无所出，又或是在其夫眼中人老珠黄时，他不能娶上第二房呢？摩门教之所以赢得了那么多的改教者，或许原因就在于，摩门教清除了违背自然的一夫一妻制。另外，在授予女子诸多违背自然的权利时，也一并加给了女子诸多违背自然的义务，承担反自然义务对女子造成的伤害，亦使她们的生活变得不幸。考虑到社会阶层的分化隔阂与经济实力的差距，如果某位男子不能提供优渥的条件，理论上是不被建议走入婚姻生活的。但如果他还是希望，可以用另外一些条件来确保给予妻子及孩子一份安稳的生活，然后把某位女子娶回家；且假如他开出的条件也是非常正当、合理与合适的。可是若某位女子就此顺服，却不坚持对某些过分权利的主张，唯独这些权利才能够保障她的婚姻生活无虞；那么可以预见，因为婚姻是市民社会的基础，在某种程度上该位女子会被世人轻看，她自己也必须过着悲惨的生活，受人类的自然本性驱使，别人对她的评价完全是负面的。假如该女子不顺服于这样一位男士，对她来说，也是一个极其危险的举动；她最后要么必须委身于一个她很讨厌的男人，要么就是变成老处女，干涸终老，女子适宜出嫁的年龄非常短暂。考虑到我们对一夫一妻制的态度，托马修斯[19]极高水准的研究成果《论姘居关系》（De concubinatu）是最有阅读价值的读物，读者通过阅读得知，姘居关系在所有开化的民族中，在所有时代里直到路德改宗时代，都还是被允许的，甚至某种程度上还曾为法律所认可，亦不曾被人当成耻辱的行为。姘居关系平白无故地被路德改宗运动从这一高度上降低,成为神职人员为婚姻生活辩护的单纯工具而为人熟知。与此同时,天主教徒们在这一方面其实也是不甘人后的。

我们无需就多配偶制再来争吵,要干脆地接受这一既成事实,如何管理多配偶制才是我们的任务。所有的人类社会,至少都在某个短暂的时期内经历过多配偶制,而且大部分时候人类一直都是生活在多配偶制中。一个男人下定决心履行义务赡养众多的女子,比起他单纯需要众多女子这件事情更重要,更有正当性。一位女子也可以找回作为从属性生物正确而自然的位置,至于女士,欧洲文明与基督教——日耳曼式愚昧无知交合产下的怪物,裹挟着对之令人啼笑皆非的尊重与仰慕,从这世上逃走了。当然女子还留在这世上,却不再是不幸的女子,不再是现今充斥欧洲的不幸女子。——摩门教徒的话是有道理的。

§ 371

在印度斯坦族没有一位女子曾有独立的地位,任何一位女子都依据印度法典[20]的规定,要么处于父亲、丈夫的管束下,要么则处于兄弟、儿子的监护下。当然了,让寡妇与其丈夫的尸体一道赴火殉葬是十分令人愤慨的行径;可是,亡夫把为其子嗣劳作当作慰藉,耗其一生辛劳所得到的财产,在他过世后却被女子与其情人一起挥霍掉,亦不啻为一件可耻至极的丑行。"幸福守中值"(Mediam tenuere beati)[21],如同在动物界一样,人类原生的母爱亦是本能的,当其后代处于无力救助的自然状态时,母亲便会将之抛弃。由此可知,女子因其所处的地位,应将母爱建立在习俗和理性之上,假如一位母亲不再爱其孩子的父亲时,母爱也常常会消失不见。然而父亲爱其子,却与女子的方式迥异,也更使人信服。父爱的基础在于,父亲在其子的身上再次发现了最内在的自我本身;即是说,父爱有着形而上学的根源。

地球上几乎所有新的与旧有的民族中,甚至霍屯督[22]人[23]也不例外,继承遗产的只能是男性的子孙。然而在欧洲除贵族阶层外,却唯独不是这般情形。男人们用艰苦的工作以及长时间不懈的辛劳,好不容易攒起来的财产,却要在去世之后交在女子们的手中。而女子们缺乏理性能力,在极短的时间内便把这些财产挥霍一空或是浪费干净。为应对女子这一巨大而频繁出现的负面影响,我们必须对其遗产继承权防御性地加以限制。我以为,最佳的措施莫过于,让成为寡妇或是遗孤的女子继承一笔用抵押方式获得担保的抚恤金,保证其终生足用,却不能让她们继承庄园或是资本——除非缺乏男性子嗣来继承。财产的继承人必须是男性,不能是女性:女子无能力管理财产,女子无理由来无条件占有财产。最低限度上都绝对不应允许女子拥有孩子的监护权。女子们虚荣心(就算不会超过男人们的虚荣心)的恶果,是驱使她们完完全全地沉湎于物质生活,注重自己的外表装扮,忙着追逐耀眼、华丽与富贵的奢侈品,社交活动是她们生活中不成比例倾斜的元素。这便是令女子们由于其低下的理性能力,易于养成挥霍的习惯,就像某位古人说过,挥霍乃女子之天性。

相反,男人们的虚荣心使之沉湎的多为非物质的优势,比如知性、教养、勇气,等等——亚里士多德在《政治学》中就曾讨论过斯巴达人中存在着什么样巨大的弱点,其中为女子大开方便之门便是一例。女子们在斯巴达拥有继承权,享受陪嫁嫁妆,享有非常高的自主权利,但这些无疑都为斯巴达的覆灭添上了一把火。法国自路易十三以后,妇女们与日俱增的影响,难道不应该对宫廷与政府的日益腐败负责吗? 腐败点燃了革命的第一把火,革命不正导致了后来天翻地覆的变化吗? 任何时候,当我们把女性放在了错误的位置上,好比现在对女士的推崇便是最明显的征兆,都是对欢乐恬静生活状态的本质破坏,从生活的心脏部位延伸到方方面面,都产生出负面的影响来。

女子就其本性定要忠于某人,由此可知,任何处在与其自然本性相冲突状态、拥有完全独立性的女子,后来又总是还要依附在某个男人身上,任这位男士来管束自己,她总还是需要一位主人。假如女子韶华犹在,那便委身于情人;但假如发白面皱,则拜于神父脚下。

注释

[1]　依据 *Arthur Schopenhauer Sämtliche Werke* Band Ⅴ, Stuttgart, 1986, S. 719—735 翻译。

　　《论女子》的德文标题是 Über die Weiber, Weib 这个词在现代德语中已经不再用来称呼女人,现代德语中人们更频繁地用 Frau 这个词,或者是使用更尊敬的称呼 Dame。然而这并不是说,Frau 晚于 Weib 出现,中世纪德语

中已经出现了 Frouwe 一词。叔本华在撰写《论女子》时同时使用了 Frau
和 Weib。为了区分，译者仍将 Frau 译成"女人"，相对应地则将 Weib 译成
了"女子"。——译者注

［2］　维克托-约瑟夫·艾蒂安·德茹伊（1764—1846），法国政治家与作
　　　　家。——译者注

［3］　即近视眼。——新版编者注
　　　　叔本华原文中引用的是源自希腊文的词语 *Myops*，原意指的是眨眼，因为
　　　　医生治疗近视病人的时候，会要求其眨眼，故 *Myops* 引申为近视，即短视
　　　　的意思。——译者注

［4］　米南德（约前 342/341—约前 291/290），古希腊喜剧作家。——译者注

［5］　即《作为意志和表象的世界》。——译者注

［6］　原文是 odium figulinum。按字面来翻译就是：一个陶工讨厌所有其他的陶
　　　　工。参见赫西俄德著《劳作与时日》第 25。——译者注

［7］　中世纪意大利拥护皇帝和拥有教皇的两个不同政治派别。——译者注

［8］　胡安·瓦特（Juan Huarte，1529—1588），西班牙医生与心理学家。——译
　　　　者注

［9］　尼古拉·尚福尔（1741—1794），法国启蒙时期作家。——译者注

［10］　著作全称是《完整文明的果实：箴言、思想与性格》。——译者注

［11］　鲁齐乌斯·阿普列尤斯（123—170），古罗马作家、演说家与哲学家。——
　　　　译者注

［12］　印度东北部城市，叔本华引用的是印地语名称 Benares。瓦拉纳西印度神
　　　　庙里的三只猿猴，分别用手堵住了自己的耳朵、眼睛与嘴巴，即喻不闻、
　　　　不见、不说。三猿象征在亚洲比较流行，至于其来源，众说不一。——译
　　　　者注

［13］　古日耳曼法兰克人的部落法条，墨洛温王朝克洛维一世时期，公元 507—
　　　　511 年间编纂成书。——译者注

［14］　托马斯·摩尔（Thomas Moore，1779—1852），爱尔兰作家、诗人与谣曲作
　　　　者。——译者注

［15］　今希腊北部地区。——译者注

［16］　指的是女子们所享有的权利合乎自然的比例。——译者注

［17］　然而其中更大的数目是那些没有条件可以结婚的男人。当中的每一个男
　　　　人都相应地造就了一个老处女：这位老处女多数时候衣食无着，而且由于
　　　　她偏离了女性的真正职能，所以一定或多或少是不幸的。另外，当某位男
　　　　士所娶的妻子，在结婚之后便患上了慢性疾病，而且一拖就是 30 年，他该

如何是好呢？还有就是某位男士的妻子已经人老珠黄，再有就是某位男士的妻子确实很遭人讨厌。在这些情形下，欧洲人却不能像在全亚洲和非洲那样，允许将第二房扶上正妻的位子。要是在一夫一妻制度下一个身体健康强壮经常为性欲驱使便会……这种事情是非同寻常与众所周知的（Haec nimis vulgaria et omnibus nota sunt）。——叔本华原注

[18] 此处叔本华不再使用 Weib 一词，而是用了 Frau。——译者注

[19] 克里斯蒂安·托马修斯（Christian Thomasius, 1655—1728），德国法学家与哲学家。——译者注

[20] 德文原文为 Gesetz Menus，叔本华的引用应来自威廉·琼斯爵士于 1794 年出版的 *Institutes of Hindu Law, or the Ordinances of Menu* 一书。——译者注

[21] 1613 年去世的陶布曼·维滕堡教授之座右铭。——译者注

[22] 参见 Cherz les Honttentots, tous les biens d'un pere descendent a Paine des fils, ou passent dans la meme famille au plus proche des males. Jamais ils ne sont divises jamais les femmes ne sont appelees a la succession. "在霍屯督人中，父亲的全部财产由长子继承，或者在同一家庭内，由血缘最近的男性亲属继承。妇女们既不会分得也不可继承父亲的遗产。"夏尔·戈尔热·勒鲁瓦，Lettres philosophiques sur L'intelligence et la perfectibilite des animaux, avec quelques letters sur L'homme, Paris, 1803, p.298。——叔本华原注

[23] 南非和纳米比亚的土著人。——译者注

论　政　治^[1]

§120

德国人的一个典型错误，就是要去云里找明明就在脚前的东西。哲学教授们对自然法的研究状况，便提供了一个极好的例子来说明这一点。仅仅为了将构成自然法原材料的各种简单的人类生活关系，即权利以及权利损害、财产、国家、刑法等关系解释清楚，哲学教授们便用了最摇摆不定、最抽象，从而也是最离谱与最没有内含的一些概念；依照某位教授某次的奇思妙想，从那些堆砌的概念中，一会儿建起这座，一会儿又建起另一座巴别塔来。从而最清晰、最简单、与我们直接相关的各种生活关系，被他们弄得晦涩难懂，尤其对那些在专门学校中接受教育的年轻人造成了极大的不良影响；相反，这些事情本身都是最简单且最易于为人理解的。读者可以参阅我的相关著作：《论道德的基础》第 17 章，以及《作为意志和表象的世界》第 1 卷第 627 章，以确信我所说的。德国人面对某些特定的词汇时，比如权利、自由、善、存在（das Seyn，这一空洞的系词不定式）会完全头晕目眩，然后很快就会以某种方式变得神志不清,开始大谈特谈一些空洞不着边际的梦话。也就是说,开始人为地来堆砌那些最离谱从而也是最贫乏的概念大厦,而不是用心面对现实性,不是有血有肉地直观认识事物以及各种事物间的关系,那些词汇其实正是从这里被抽象出来的,然后被赋予了唯一真实的内涵。

§121

谁若先入为主地认为,权利概念必须是一个积极的概念,并以此为出发点赋予该概念一个定义,则往往是不会成功的。因为他抓住的只是一个影子,找到的是一个四处飘荡的鬼影,寻觅到的是一个"不存在之物"(Nonens)。所以说权利的概念,正如自由的概念一样,是一个消极的概念:权利概念的内涵就是一个赤裸裸的否定(Negation),权利伤害(Unrecht)概念才是一个肯定的概念,并且在最广泛的意义上与伤害(Verletzung)、损害(Laesio)同义。伤害的对象可以是人,也可以是财产或者名誉——以此为出发点,我们可以很容易就把与之相关的各种人类权利[2]规定出来,即任何人都有权利去做所有不伤害他人的事情。

对某种东西的权利,或者说诉诸某物的权利,除了意味着我们可以做某事,或者换种说法,我们可以获取某物或占有某物,同时不对任何其他人造成伤害之外,别无其他:

简单是真相的标签。

这句话也把某些问题的荒谬性照射出来，比如有人问，我们是否有权利来结束自己的生命。他人可以向我们提出正当诉求的前提是，我们继续存活着；若要驳回他人的诉求，也是要依据这一条件。但如果有人自己不想再继续活下去，却还必须继续充当为他人服务的机器，则实在是太过分了。

§122

尽管人与人之间的力量不平均，但是人与人的权利却是平等的，因为人类的权利并不建立在力量之上，而是依据权利的道德自然属性，建立在这样一个事实之上，即同一的生命意志在每一个人身上，都在同一个客体化阶段上将自己呈现出来。当然这里所谈论的只是原始与抽象的权利，即人作为人所拥有的权利。而每个人凭借自己的力量所挣得的财富以及荣誉，则依据每个人力量的程度和实现方式，随后给予每个人一个额外的权利领域：从此平等荡然无存。家底更殷实或者更勤劳的人，通过日益增长的收益所扩大的只是由权利所延伸的物质数量，并非他们的权利本身。

§123

我在我的主要著作（《作为意志和表象的世界》第 2 卷第 47 章）中曾提到过，国家本质上是一个纯粹的防卫机构（Schutzanstalt），用以抵御外部的攻击和平息机构内个体之间的相互倾轧。从中我们可知，国家的必要性在最决定性的意义上，是建立在为人类种族所公认的不义之上，如果缺乏这一点，一个国家的存在是无法想象的。因为没有人会再担心权利伸张受到阻碍，而且一个纯粹为抵御野蛮猛兽攻击或是狂燥自然力侵害而建立起来的组织，与国家只有极其微弱的相似性。人们可以基于这一点戳穿某些哲学流氓[3]的陈词滥调与粗鄙之见，这些人用夸张的空空其谈把国家设定成最高级的目标，当成是人类社会的精华结晶，把市侩之物加以神格化。

§124

如果统治世界的是正义，那么人应该在房子建好之后便心满意足了，自此以后人除了要求所谓的财产权之外，不再需要提什么别的保护要求了。但是，事实上主宰世界的正是不义[4]，所以人们才提出主张，在房子建好之后还需保护。如若不然，该人在法律上（*ad facto*）的权利便是不完整的，而侵害的一方更拥有一个铁一般的权利。斯宾诺莎的权利概念描述的正是这样一种权利，该权利概念不承认任何其他权利，除了

　　　　任何一个人拥有多大的权力和力量[5]，便拥有多大的权利。

　　　　　　　　　　　　　　　　　　——《政治论》

并且，

每个人的权利决定于他所拥有的权力和力量。

——《伦理学》

斯宾诺莎似乎还参考了霍布斯对这一权利概念的说明，也就是在《论公民》（第 1 卷第 14 章）中，霍布斯针对这一点给出了一个相当罕见的解释，他说慈爱的上帝对所有存在物的权利，当然也只能是建立在上帝的全知全能之上。只不过在市民世界中，这一权利概念无论是在理论上还是在实践中都被人们抛弃了；但是在政治领域内，这一权利概念只在理论上被否定，却在实践中依然继续发挥效力[6]。正如不久之前，北美人对墨西哥的强盗行径无疑有力地证实了这一权利概念的正确性。同样的道理，法国人在其头目波拿巴的带领下，在整个欧洲的强盗活动便作为更早的证明，早就令北美人望尘莫及了。只不过请这些侵略者不要再用公开官样的谎言来粉饰自己的行径了，这些谎言比起事实本身还要令人愤慨，请他们干脆无耻而坦率地引用马基雅维利的学说。根据马基雅维利的学说，在人的个体之间，在道德学说和法律学说中，针对上述行径的基本原则"己所不欲，勿施于人"是绝对行之有效的；但是在处理民族与民族之间的关系，以及在政治领域中则需要相反的原则"己所不欲，必施于人"。如果你不想屈服于人，那么只要你的邻居暴露出自己的弱点使你有机可乘，你就必须令你的邻居屈服于你。因为假如你错失了良机，这样的机会便会立马为敌营所获，随后你的邻居会来使你屈服，而且如果不是由玩忽职守的这一代人来接受惩罚，也会由其子孙为之付出代价。所以，比起在总统演说中明显地用各种谎言编织起一块破布，这破布还完全可以被人识破,到最后结论都归结到一个关于兔子急了也咬人的典故[7]上。马基雅维利的强盗原则是一个要诚实得多的幌子。原则上每个国家都应视他国为强盗团伙,因为只要机会来临,这些强盗就要来夺食。

§125

农奴制(例如在俄国)和地产所有制(例如在英国)之间,农奴和佃户、农业工人、地产抵押债务人之间存在的区别,更多只是形式上的而非事实上的。至于说究竟是农民赖以为生的土地属于我,还是农民属于我;至于说究竟是鸟儿属于我,还是其所啄食的饲料是我的财产;至于说究竟是树还是树上结出的果实是我的财产,在根本上都很少有什么差异、差别。就像莎士比亚让夏洛克这样说:

> 你们夺去我活命的根基,
> 也就是要了我的命。

> ——《威尼斯商人》

所谓自由农民的前提不过是说,他可以离乡背井去更广阔的世界,但是与此相对,农奴和"被乡土束缚之人"(*glebae adscriptus*)或许拥有一项更大的优势,也就是当歉收、疾病、年老和力所不及等情况令农奴束手无策之时,他的主人必须为之烦恼,而农奴却可以继续踏实地睡觉;农奴主面对歉收时辗转反侧,难以入眠，殚精竭虑地思考对策如何为他众多的农奴提供面包。所以米南德（斯托拜俄斯[8]《著作集》第 2 卷第 389 页）说：

> 伺奉一位优秀的主人，
>
> 要强于在自由的名下忍饥挨饿。[9]

自由人的另外一项优势就是，可以通过自己的才能与智慧过上更好的生活，但是对奴隶而言，这一可能性也不是完全被剥夺了。如果一个奴隶用更出色的方法，以丰硕的成果来侍奉他的主人，那么他也会得到相应的报答，就像在罗马，手工匠人、工场的领班、建筑师乃至医生大多都曾是奴隶；就像现在在俄国，大量的银行职员也是农奴。一个奴隶也可以用自己的收获来为自己赎身，在北美这样的事情就经常发生。

贫穷和奴隶制只是两种不同的形式而已，人们几乎也可以把它们说成是同一样东西的两个名称，其本质在于使一个人的力量最大限度地为别人而非为己所用，实现的手段要么是使此人过度劳作，要么是在一个低得可怜的水准上满足他各种各样的需求。因为自然给予一个人的所有力量，仅仅够他在适合的力量强度下，可以从土地中获取维持生存所需的东西，因而人不会拥有超出额度的力量。假如在人类种族的某一并非全然无足轻重的群体中，维系人类种族存在的自然负荷量被降低了，那么人类种族中剩下的群体，便会因之超额地承受来自自然的负荷，因此变得贫穷。结果由之产生的巨大灾难，要么以奴隶制的名称，要么以普罗大众的名称，任何时候都会首先降临到人类种族的大多数成员身上。导致这一灾祸的进一步深层次原因，其实是人的奢侈欲。因为人的奢欲，少部分人占据了许多无关民生、多余和精致的东西；也就是说，他们以此满足了自己远离自然的奢欲，但现有人类力量的一大部分却要为此被消耗掉，结果便是把用于制造必要与不可或缺物品的力量抽掉了。为此数以千计的人为了一小部分人建造出壮观的住宅，自己却无立锥之地；数以千计的人为富人们编织出精美的或丝织的衣物，又或是绝伦的透孔织品，制造出数以千计的奢侈品供富人们享受，自己与家人却衣不遮体。城市人口中一大部分由这些制作奢侈品的工人构成，而农民们必须为了这些工人及其产品定购者，以超出自然加诸身体的劳动强度辛苦地耕地、播种和放牧；也就是说，农民们不再在谷物、土豆和牲畜养殖上耗费体力，而是要为葡萄酒、丝绸、烟草、啤酒花、龙须菜等物品，花费许多劳动力和预留许多田地。随后还会有大量的人口离开农业生产领域，在船舶制造和远洋运输行业中供职，弄来大批的糖、咖啡、茶叶等货物。剩余物品的制造也导致了数百万黑奴的贫穷，他们被暴力驱赶着离开了自己的祖国，以汗水和被折磨为代价生产那些仅供享乐的物品。简而言之，人类种族力量的一大部分从所有必需品的生产中被抽离，只是为了给少部分人弄来一些完全多余和没有必要的物品。由此，只要人的奢欲在某一些人中存在着，则多余的劳动和贫穷的生活就必然地在另一些人中出现，或者我们可以称为"贫困"，也可以称作奴隶制、普罗大众、奴隶（servi）。奴隶与贫穷者之间的基本差异在于，奴隶为暴力所逼迫，贫穷者的产生则归咎于他人的卑劣行径。整体社会的全然非自然状态，为摆脱贫穷而展开的普遍斗争，耗费无数生命的航海活动，错综复杂的贸易利益纠葛,以及所有可以由之而引爆的战争——人的奢欲是所有一切灾祸的唯一原因,奢欲无数次地使人享受,使人感到幸福,却也更让人感觉虚弱和情绪不佳。所以说,要减轻人类的贫穷状况,最实际的办法就是减少乃至放弃对奢侈品的追求。

虽然上述全部思考毫无疑问包含了许多真实的内容,但人们仍然可以用一个由经验见证的思考,从结果上反驳。人类种族因为放任奢侈品的生产,服务于人类生存必要目的的肌肉力(感受力)的损失,会由借此机会自由生长(化学意义上的)出来的精神力量(敏感、智慧)千倍地加以补偿,因精神力量是更高级的力量,所以其效果也千倍地多于前者。

　　　　一份好的建议常常比数双手更有用。[10]

　　　　　　　　　　　　　　——欧里庇得斯:《安提俄珀》

一个由勤劳农民组成的民族似乎很少会发现或发明出什么东西,但是闲人中却能出现聪明的头脑。各门技艺和各类科学其实都是奢侈的孩子,他们来偿还由奢侈欠下的债务。技艺和科学成果的出现,有赖于在其所有的分支领域内不断地进行技术革新,今天在机械、化学和物理学领域内,人们已经将机械工程学提升到了前人所始料不及的高度,也就是使用蒸汽机和电承载物品。这在从前的时代里,会被认为借助了魔鬼的活力。现在,任意一种形态的工厂和手工工场中,有时候甚至在农业生产中,各种机械所产生的功效比现在所有悠闲的富裕人士、受过良好教育的市民以及所有脑力劳动者的手加起来的总体效能,还要大上千倍；也比搁置所有奢侈品的生产，从而使全民过一种农民式生活所具有的效能，还要大上千倍。因为所有那些企业的生产活动绝非只是为了富裕阶层，而是使所有人都受益。人们从前几乎无法负担得起的货物，现在则物美价廉，并且俯拾皆是，即使是最底层人民的生活也因此有了很大的改观。中世纪的时候，一位英格兰国王还要从他的长辈那里借来一双丝织袜穿上，然后去接见法国使节；当伊丽莎白女王 1560 年收到的新年礼物是一双丝织袜时，她乐得合不拢嘴，表情非常惊讶（《文苑搜奇》）；而现如今我们可以在任意一间商店里买到。就在 50 年前淑女们还穿着印花布制成的裙子，如今只有女仆们才穿这种过时的裙子。假如机械工程学还能以这样的速度继续前进一段时间的话，那么将来人力的劳苦将几乎完全得到免除，就像现在大部分的马匹劳力得到解除一样。到时或许人们会开始思考人类种族精神文化的某种普遍性的内容了，这种普遍性内容，长久以来是沉重体力劳动者无法负担的重责，因为无论在普遍意义上还是在什么特殊意义上，"感受力"和"敏感"永远并且处处都处在对抗的状态中。究其缘由，乃是因为两者都源自一个同一的生命力量。更进一步说，因为"艺术舒缓了礼仪"（*artes molljunt mores*，奥维德[11]：《黑海书信》），所以将来大规模的战争以及小规模的打架斗殴或决斗，都会很容易地从世界上消失掉，就像现在两者发生的机会越来越小一样。当然了，我在这里的目的并不是要描述一个乌托邦世界。

撇开上面这些理由不论，我们还必须站在上述观点的对立面，即消灭奢侈品生产和平均分配所有体力劳动的观点的对立面考虑一下问题。我们发现，人类种族的大部分成员在各行各业中，依据情况的不同，永远并且处处都要求有一个领袖、领导者和顾问。这些人可以是法官、统治者、统帅、公务人员、神职人员、医生、教授、哲学家，等等，他们的共同任务是在错综复杂的生活中，为人群中极度无能而又无识的多数提供指引，从而使这些人中的每一个人依据其所处的位置与自身能力的不同，面对错综复杂的生活在狭隘或广阔的世界上，不断地开阔自己的眼界。正因为这些领袖们已经从繁重的体力劳动，也就是从平庸的缺乏中或不适中解脱了出来；那么一件非常自然而且合理的事情是，依据他们所能提供的更大贡献的程度，他们必须比常人拥有更多的财富，必须更多地去享受。甚至只要大商人们能够一直提前预见民众的需求，并且设法满足他们的需求，那么他们也都可以被划入优势的领导阶层。

§ 126

对统治权的追问根本上可以归结为这样一个问题，即是否有一个什么人可以有权利违背民众的意志来统治民众。但是我却不认为，能以多么理性的方式将这样一个观点清晰地表达出来。假设说民众拥有统治权，那这样的统治者也是一个永远不会成熟的统治者，也还要继续置于监护人的保护之下。他在执行自己的权力时，不可能不引发无穷无尽的危险，特别是当这样的一位统治者，像所有的未成年人一样，极容易成为阴险狡诈的骗子们的玩弄对象，人们把这些骗子们称作煽动家——正如伏尔泰所说：

> 第一个国王不过是个运气好的士兵罢了。
>
> ——《墨洛珀》

　　起初几乎所有的王侯们都是战功赫赫的军事统帅，并且长久以来从根本上带着这种军事特点来统治民众，直到他们获得了稳定的臣民，王侯们才把民众看成是供养自己及其士兵的工具，即考虑从这样的臣民身上获得毛皮、牛奶和肉食。这样一种社会结构的基础（在接下来的章节中将详细讨论），从自然本性来说，也就是在起源上说并非源自正义，而是源自暴力在地球上的统治地位，从而"第一个占有者"（*primi occupantis*）对每个人都拥有优先权。所以暴力不会被什么人宣布无效，并且从这个世界上真正被铲除；倒不如说暴力必须常常找到自己的代理人，人们唯一可以期望和要求的，就是让暴力站在正义的一边，与正义结合在一起。所以王侯们曾说：

> 我用暴力统治你们，但是我却用我的暴力将其他暴力排除，因为我不能容忍在身边还有其他的暴力，不论是从外部施加的，还是在内部某个人要用暴力来对抗其他人的暴力，我会用暴力来惩罚他们。

同样基于这样的缘故，随着时间的推移，从君主制中发展出某些别的东西来，而原本那描述君主制的概念逐渐褪去了颜色，甚至有时候人们已经把这样的一种概念看成是一个来回晃动的魔影。领主的概念从这里生发出来，国王成了国家坚定不可动摇的柱石，全部的法律程序建筑在此基础上，进而所有人的全部权利都有赖于它，并因此而存在着。[12] 但统治者也唯独凭借其"天赋"的特权才能做到这一点，该天赋特权给予统治者，并且只给予统治者权威，没有任何权威可与之比肩，统治者的权威不能被质疑，也不能被挑战——是的，每个人都要本能地服从这一权威。尔后统治者才可以正当地宣称"君权神授"，统治者永远都是国家中最有价值的人，只要统治者还是那样强大时，任何由宪法所确定的收入分配对统治者功劳的报答都不嫌多。

马基雅维利的思考内容完全是从上文所述的中世纪王侯概念中衍生出来的，马基雅维利并不是把这一概念当成不言自明的事实研究，而是默不作声地将之设为前提，然后在此基础上提出自己的意见。甚至可以说，马基雅维利的著作纯粹就是在描述当时仍然主宰着世界的各种实践活动，这些实践活动可以被归结到理论中，并且在这种理论中与体系化的结论放在一起来论述；尔后这些实践活动又在新颖的理论形式和完美描述中赢得了不同凡响的声誉。顺带说一句，拉罗什富科[13] 那本不朽的小册子也具有同样的影响力，虽然其主题是在探讨私人生活而非公共生活，而且提供给我们的不是建议而是评语，人们还可以指责这本精彩小册子的地方恐怕就是标题了，无论如何也都不该是什么"生命箴言"（*maximes*），或是什么"沉思集"（*réflexions*），而应该是"精神思考集"（*appercus*）。除此之外，人们还可以在马基雅维利的著作中发现，许多内容也可以应用到私人生活领域。

§127

权利本身是软弱无力的,暴力是世界的天然统治者。暴力会越界侵入到权利的领域,所以权利可以借助暴力得到伸张。此即为国家统治技术的问题,同时也是一个极其困难的问题。当人们开始思索时,无可遏止的自我中心主义便在每个人的胸中盘踞着,结果仇恨与邪恶也在其中蓄积酝酿着,以至于人们会发现,"争执"(νεικος)从根本上远远地将"爱"(φιλια)抛在身后,以至于我们不得不接受一个现实,那就是千百万这样的个体必须受制于秩序、和平、安宁与法律强加的种种限制。与此同时,根本上任何人又都有权利对任何其他人说:"你所拥有的,我也有权利拥有!"只要想到这个场景,人们就该感到惊讶,因为世界上所有的一切却都如此安详与和平地、合理而又有秩序地并行不悖。当然,这一切都有赖于国家机器的运转。只有物理暴力才能产生出最直接的影响,而人类通常只有在暴力面前才有感觉,才怀有敬意。假如有人为了用经验事实检验这一点,而与其他人的旨趣相背离,把所有强制性的内容都消除干净,以最清晰和透彻的方式告诉他们,什么是纯粹理性、权利的正当性;那么展现在他眼前的将是各种道德力量的软弱性,而他收获的最多回答也只会是听众们的冷嘲热讽。所以说,只有物理暴力才有能力使人心生敬意。只不过这种暴力根本上也只有在人群中才能产生,由这样的人群所构成的社会中则到处充斥着无知、愚蠢与谎言。国家统治技艺的首要任务便是,在这样困难的前提下,使物理暴力屈服在智慧与精神的优势之下,并使暴力为之服务。假如我们不能使物理暴力与正义和善良的企图联姻，那么其结果便是，我们所建立起来的国家将是一个骗子和盗贼的团伙。但是随着群众智慧的不断进步，人们将会尝试对此加以遏制，最后爆发出革命运动，就算某些人极力想阻止也无济于事。假如相反，在群众的智慧中正义和善良的企图占据了主导，那么一个完善的国家体制将依照人类对事物的判断标准建立起来。极其合乎这一目的要求的做法，是令正义和善良企图不仅可以在现实中存在，更应允许被证明和公开讨论，从而使其成为公开的信息，并置于管控之下；同时也必须防范，因为有更多的人不断参与这一过程，使整体国家对内与对外的统一凝聚力被削弱。这一情况经常发生在共和政体中。但是统治技艺中最难的课题，莫过于想要凭借国家这一组织形式来满足所有这些要求，而且还要在实际的操作中，把带着自身特点的民众仅仅当成粗糙的原材料对待；但是反过来，民众的特点往往又对统治成果的完善性有着重大的影响力。

如果人们娴熟地运用统治技艺极好地完成了这项任务（这一情况发生的可能性总是非常大），那么结果将是国家集体中的不正义成分被降到最低水平，完全没有一点残余是纯粹的理想目标，但是却能无限接近地实现这一目标。原因在于不义性深深地根植在人类的本性中，所以当我们在某一方面把不义之事扫除干净了，同样糟糕的事情却还是能够在另一方面发生。人们尝试着用宪法这样的人造方法，通过完善法律体制来实现那一目标，但是人们只不过因此走上了一条不断渐进的道路。原因在于，由我们所确立起来的各种概念绝不可能把所有的个别情况都描述出来，也不可能真正深入到某个个体之中。这些概念就像是堆砌马赛克的石块，不能像画笔那样把细微的部分也同时勾勒出来。所有与实现这个目标有关的实验都是非常危险的，人们要应付的是最困难的实验材料——人类，操作人类这个实验材料是极其危险的，就像在处理炸药一样。在此前提下，出版自由之于国家机器而言，就好比蒸汽机上的安全阀一样，民众借着出版自由将不满用文字的方式宣泄出来；当不满蓄积的量还不是很大的时候，是可以用文字化解掉。假如社会存在着非常多的不满，那么出版自由也是一个非常有效的措施，它可以使人们及时认识到堆积着的不满，并设法消除。比起紧紧地捂住民众的不满，使之不断酝酿、发酵、烹煮和生根，最后引爆革命，出版自由这一方法要好得多。从另外一个角度来说，出版自由也可以被当成是毒药贩售许可证：精神和情绪毒药。试问什么东西不能塞进大众缺乏认识和判断力的头脑中？尤其是当某人在他们面前以利益和好处诱骗时。当我们在某人的头脑中灌输了些东西之后，什么样的丑恶行径做不出来呢？我非常担忧的一点是，当法律允许任何的异议都得以申诉的时候，出版自由的危害会超过出版自由带来的好处。所以，任何时候都必须通过禁止一切匿名投书，对出版自由进行限制。

在某种普遍的意义上，我们甚至可以假定，针对某类事物的权利就像某些特定的化学物质一样，自身并不是纯粹和孤立的，绝大部分情况下都会掺杂一些别的什么东西，这部分杂质的作用在于保持该物质的稳定，或是包含了必要的坚固性成分。举例来说，氟就包含了乙醇、氢氯酸等其他物质。所以当某项权利主张想要立足于现实世界中，甚至支配这个世界的时候，就需要加入一小点专制和暴力的添加剂，如果撇开该项权利所具有的纯粹理想成分和超凡的自然属性不论，这样做的目的则在于使该项权利在实际物质性的世界中，发挥出自己的影响并继续存在下去，而不至于像赫西俄德那样，从人间蒸发飞入天空。所有的天赋权利，所有继承下来的特权，任何一种国家宗教以及其他种种东西，都可以被看成这样一种必要的化学基础，或者合金物。权利似乎都要在这类牢固的专制基础上，才能施展效力并得到贯彻；这一专制的基础就像阿基米德说的"给我一个支点"（Δος μοι, που στω）。

正如树林中人工随意选择的植物系统不能够被任何自然的系统所代替，就算这种自然系统看上去如此的合理，就算许多人无数次尝试代替它，因为这种系统在进行科学测定时，也绝对保证不了具有可靠性和牢固性，其中亦包含了人造的和任意的成分。一国宪法中人造的和任意的基础亦如此，是不能被一个纯粹的自然基础取代的，纯粹的自然基础会将前面提及的各种条件统统抛弃，要用个人价值的多寡取代出生特权，用理性研究成果取代国家宗教，等等。正是因为所有这些条件看上去如此合理，却缺乏可靠性和牢固性，只有二者才能确保国家集体的安全稳定。一部抽象权利具体化的国家宪法好像不是为了人类而创造的一项优秀成果，倒像是为了别的什么生物量身定做的。人类中的绝大多数成员自私、卑鄙、无谋和爱说谎，某些时候还非常邪恶，用极其聪明的智慧把自己武装起来，基于这一点，必须有一种全然免责的暴力，可以加诸个人但自身处于法律与权力之外，所有一切都要屈服于该暴力。这种暴力可以被当成比人类更高等级的一种生物，是沐神恩赐而降世的统治者。人类长久以来只能被这样一种暴力管束与治理。

美利坚合众国的人们，尝试着完全撇开所有那些任意的基础来完善自己的制度，也就是让完全不可替代的纯粹抽象权利概念统治这个国家。只不过这一尝试的成果并不那么令人神往，因为在这方土地物质繁荣的背后，我们发现，作为其统治思想的东西其实是很低级的功利主义，而且是与功利主义不可分离的伴侣——无知——一道出现的。这一无知为愚蠢圣公会的矫揉造作，愚昧的自大与粗鲁，还有就是对妇女的幼稚崇拜都铺平了道路。在美利坚合众国，还有更糟糕的事情每天都在发生着，那就是神人共愤的黑奴制度。黑奴制以最无耻的行径对待奴隶，对自由黑人施以最不公正的压迫，私刑泛滥。在美利坚合众国经常发生不受制裁的暗杀行为，闻所未闻的血腥决斗，尤其是公开嘲讽正常的权利和法律，拒绝偿还债务，对邻国穷凶极恶地进行政治敲诈勒索，对富裕邻国进行贪得无厌的抢劫。然后从这个国家的最上层开始，用这个国家里每个人都清楚并且嘲笑的各种谎话粉饰上述行径，暴民统治与日俱增，最后变得全然腐朽不堪。在政治上层中，对诚实有选择的否定行为，也开始渗透到私人的道德领域。在这个星球的另一侧出现所谓的纯粹权利宪法，并没有为共和政体赢得多少掌声，更不要说墨西哥、危地马拉、哥伦比亚、秘鲁这些正在邯郸学步的国家了。共和政体另一个极其特殊，从而也是自相矛盾的劣势，就是在共和政体中拥有聪明超群头脑的人，想要占据高位发挥直接的政治影响力，比起君主政体变得困难很多。所有目光短浅、空虚与平庸的头脑们，一次、再次、无数次地阴谋反对，或本能式抵制那些优秀的头脑，就好像对付自然天敌一样，他们对那些卓绝之人有集体的恐惧，所以紧密地团结在一起。用一部共和国宪法，就可以轻而易举地让那些群氓压制卓绝之人，并将他们排除出去，目的只是为了不让他们超过自己，而且就算是在原始平等的权利面前，他们也往往是50人对1人。在君主政体中情况却正好相反，一方面不学无术之人的天然同盟者依然抵制着头脑优秀的人，然而这仅仅是自下而上的；自上而下则知性发达和天赋异禀之人，会找到天然的拥护者和保护者。究其原因，君主政体的立足点非常高，并且被牢固地确立下来，就好像君主政体的制定者畏惧一个什么人的本事似的；出于这个理由，君主政体更多通过意志而不是头脑服务一个国家。面对国家的各种要求，君主政体的头脑智慧却从来没有增长过。君主政体必须时常服务于有不同想法的某些人，而且（君主政体会被人们认为，其利益与国家利益紧密地连在一起，与国家利益不可分，并且与之重叠）君主政体会想当然地提拔那些优秀的人，因为对君主政体而言，那些人是最好不过的统治工具了。一个君主政体国家只要有足够的能力，就要把这样的人找出来，而且只要认真寻觅，发掘出这样的人才并不是一件难事。基于同样的道理，政府里的现任部长们对将来的政治家们还有一项巨大的优势，这些部长们好像对未来的政治家们已经嫉妒到无以复加的地步，因此不得不非常乐意地提拔头脑聪明的人，使他们各司其职，从而可以借用他们的力量。正是在这一点上，在对付无意和解的永恒现实的敌人——愚蠢——上，君主政体比共和政体有更多更好的机会，君主政体的这一项优势其实也是非常显著的。

人类自然的统治组织形式便是君主制，就像蜜蜂和蚂蚁的组织，或像迁徙中的仙鹤群和大象群，为劫掠而团结起来的狼群，以及其他动物组织,在这些组织结构的顶端都有一个领头者。任何为抵御危险而结合起来的人类组织,任何一支队伍以及任何一艘船中的成员,都必须服从某位最高指挥官;总而言之,必须服从一个领导者的意志。甚至连动物性的有机组织也是君主式的,大脑便是领导者和管理者,便是"指导原则"(ηγεμονικον)。就算心脏、肺和胃为维持身体作出了巨大贡献,也不能让这些市侩来领导和指挥整体。这项职能只能由大脑来承担,也就是必须服从"一"点。就连我们的行星系统也是君主式的。共和制度对人类而言是反自然的,正如共和政体不能很好地促进高等的精神生活,不能很好地促进艺术和科学的发展。与所有这些观点相符合的事实是,我们发现在地球上的任何地方与历史中的所有时代里,文明的或野蛮的民族,或介于两者之间的民族,都曾被君主制统治过。

> 集体统治并不好,统治者只有一个,
> 只有一个人是国王。
>
> ——《伊利亚斯》2, 204

假如不是有一个君主式的本能在人类中存在着,与人类的本性相契合,故而驱使着人类,那么贯穿所有历史时代,我们看到数以百万计,甚至数以亿计的人类屈服于某个男人,有时是某个女人,有时候又是某个孩童,并且心甘情愿地为之效忠时,又如何可能呢?因为从反思思维中生不出这样的东西来。任何时候当某人是国王时,他的头衔通常也是世袭的。国王就好像是全体民众的人格化,全体民众的个体性在国王的身上具体化了,国王在这种意

义上，甚至有理由说"朕即国家——路易十四语"（*L'etat c'est
moi*）。正如在路易十四之后，英国和法国的国王们，乃至奥地利
的大公（《约翰王》）都在莎士比亚的历史戏剧中，有针对性地称呼
自己是英格兰、法兰西和奥地利，好像他们便是国家的肉体人格
化。所以说正因为君主制是人类的自然本性，世袭君主体制才有
可能，君主一族的繁荣与国家的繁荣也由此变成不可分割的。正
是这一点与一个由选举产生领导的国家截然不同——大家可以参
考一下教会国家。中国人只了解君主统治，他们无法理解共和国
是怎么一回事。1658 年，当一个荷兰使节团拜访中国时，不得不
将奥伦叶亲王说成是荷兰的国王，不然中国人会认为荷兰是海盗
团伙聚居地，没有最高统治者生活在这块土地上。斯托拜俄斯在
他的著作的一章加上了一个这样的标题："君主政体，世之最优"
（Οτι καλλιστον η μοναρχια）（《著作集》第 2 卷，第 256 页），他将古
人对君主政体优越之处的记述，选取其中最优秀的词句汇编成册。
所以说共和政体是反自然的，是人造的，并且起源于反思思维，在
全部的世界历史上只是作为特例出现过。罗马共和国和腓尼基共
和国存在的前提，其实是共和国中所有居民中的 5/6 或是 7/8 均
由奴隶构成。1840 年，美利坚合众国 1 600 万居民中居然有 300
万的奴隶。另外一点就是，在古典时代，对抗君主政体的共和政体
的寿命都是极其短暂的。——共和政体很容易就建立起来，但是
却难以维持；君主政体的情况则正好相反。

　　人们要是想，我也该来制定什么乌托邦计划，那么我说解决问
题的唯一方法，只能是让高尚贵族阶层的智慧者与高贵者实施专
制统治；其统治的目标则在于，通过高贵男士与国家中最聪慧与最

具才智女士之间的婚姻结合，不断地繁衍后代。我的乌托邦就是这样的一份建议，这便是我的柏拉图共和国。

立宪制度下的君主与伊壁鸠鲁[14]眼中的神有着不可否认的相似性，伊壁鸠鲁的神从未掺和过人类的事务，从不被打扰地居于极乐与安详之中，即在天堂中存在着。但是现在伊壁鸠鲁的神却成了时尚风潮，在德国十二选帝侯的领土内，都照搬英国宪法，颁布了自己的仿冒品，而且彻彻底底地从上议院、下议院直到《人身保护令》以及宣誓行为，统统都被搬来了。这些事物都是由英国人的性格和社会情况决定的，并且以英国人性格与英国社会情况为前提出现的那些形式，又与英国人民以及英国人民的自然天性相契合。正如对德国人而言，分裂成许许多多的小邦，然后由许多小诸侯实施实际的统治，再拥有一个对所有邦国负责的皇帝，皇帝对内保障内部的和平，对外则代表帝国的统一，也是德国人的自然天性，这是由德国人的性格和德国的社会情况决定的。我的意见是，既然德国不能摆脱意大利式的命运，也就不能放弃德国人仇视波拿巴一世所丢弃了的皇帝头衔，那么德国人就该用最有效的方式将这个国家建立起来。德意志的统一系在了皇帝头衔上，没有了皇帝，德意志将有名无实，或者问题重重。我们生活的时代不再是君特·冯·施瓦茨贝格[15]的时代了，那时的人们必须严肃地对待皇帝选举这件事，但是现在我们可以让皇冠在奥地利和普鲁士之间轮替，让一位君王做完他的有生之年。至于说其他小国的绝对主权，任何时候都只不过是一个幻影。拿破仑一世在德意志的所作所为，和奥托大帝对意大利的所做所为如出一辙（参见《被偷了的桶子》[16]），也就是将一国拆分成诸多小国和独立邦国，依据的基本原则就是"分而治之"（*Divide et impera*！）。英国人的巨大知性能力体现在，他们将诸多的旧宪法、习俗和道德牢固而神圣地保留了下来，但是这样也同样埋下了风险，有时候英国人的做法会顽固到令人发笑的地步。因为那些东西不是由某个有充足闲适时间的头脑构想出来的，全部是从针对琐碎事务的各种权力，以及生活的智慧中衍生出来的，对英吉利民族而言是合适得体的。但是一个德国傻瓜却对某位教书匠的话深信不疑，这位先生说，他必须也穿着一件英国燕尾服出行才算得体。可是这个德国人费尽力气也没有从爸爸那里弄到一套燕尾服，而且举止动作非常迟钝，看上去极其可笑。但这件燕尾服还将继续极大地压迫和纠缠着他，尤其是通过发誓的方式：宣誓起源于英国蛮荒的中世纪，自阿尔弗雷德大帝时代起始，那还是一个读写之人尚能豁免死刑的时代[17]，而在所有刑事法庭中最糟糕的事情，莫过于将学识渊博和判案经验丰富的刑事法官抛在一旁。这些法官每天都在拆穿骗子、谋杀犯和流氓的阴谋与花招，他们已经变得冷静异常，而且还学习过如何侦办各种各样的案件，但是现在，却让乡亲施耐德[18]和汉德舒马赫[19]坐在法庭上断案，运用他们愚蠢的、粗糙的、未加操练的、笨拙的，甚至连一次注意力都集中不了的知性能力，想要从谎言和假相编织成的欺骗网中找出真相来。此外，就是在审判的时候，他们还惦记着自己的抹布和皮革，急着想要回家，他们对概然性和可靠性之间的区别根本就没有任何概念，更不要说他们糊涂的脑子里能有什么"概率计算"（*calculus probabilitatis*）的概念了。可是，他们却心安理得地对他人的生活作出道德审判。这一观点也适用于塞米尔·约翰逊[20]针对因某重要事件而组成的军事法庭所发表的言论,他说,法庭陪审团中或许没有一个人,在其生命中哪怕曾经有一个小时思考过所谓概然性的问题(参见鲍斯威尔[21]的《约翰逊传》)。诚如人言,或许正因为借助概然性概念,我们才得出公平的结果。至于说"有着强烈嫉怨的民众"(*malignum vulgus*)呢?他们似乎并不担心会偏袒与他们同属一个阶层的某个被告,却十倍地担心那些陌生的刑事法官们,那些在完全不同领域内生活的、不能被取代并珍惜自己职业名声的刑事法官们。用陪审团的煽动文告裁决某人颠覆国家及其元首罪,简直就像让山羊来充当园丁[22]。

§128

无论任何时代任何地方,人们都对政府、法律和公共政策措施有诸多不满,因为人们常常把附着在人类肌肤上不能被割除的贫穷,都归结为政府、法律和公共政策。以神话的方式来说,就是亚当所承受的诅咒祸延到了所有的人类种族成员。然而事实上,没有人比"现时代"的煽动家们更能用谎话连篇和恬不知耻的方法,继续做出这样错误的欺骗行为。这些人便是基督教的死敌——乐观主义者。在他们的眼里,世界就是"目的本身",并且依据世界的自然特性,我们便可以知道,世界本身就是以完全卓越的方式建立起来的,是幸福快乐的居所。那些令人呼天抢地般痛苦的巨大灾难,被他们完完全全地归结到了政府身上:要是政府履行好了自己的义务,那么人间即天堂,也就意味着所有人从此可以无忧无虑,不必烦劳而坐享其成,吃喝、繁衍,然后死去。这就是所谓"世界即是目的"以及"人性无止境进步"目标的含义,这便是那些乐观主义者们用华丽的词藻,不知疲倦地宣告的东西。

§ 129

从前王冠的基石是信仰,如今却是信用,[23]就连教皇也更看重债主的信任,而不是信徒的信任。[24]过去人们曾怨叹这世界上的罪恶,现在人们则带着对世界上各种罪责的恐惧看到;就像过去人们曾预言末日审判即将来临一样,现在人们预言巨大的"罪的免除"(σεισαχθεια)即将来临,预言世界所有国家即将全面崩溃,只不过人们满怀信心与希望地认为,这一后果不会由自己一个人独自承担。

§ 130

从伦理学和理性的角度,财产所有权比世袭权利更容易被解释清楚。然而财产所有权与世袭权利有某种亲缘关系,两者交错在一起生长,所以人们似乎很难做到,既裁撤世袭权利,又可以使财产权不陷入到危险的境地。原因在于,大部分的财产都是世袭得来的,也就是一种出生即获得的权利。好比很多老贵族都还保留着祖传的姓氏,使用祖先称呼的目的纯粹只是为了向人宣告他们对祖产的拥有权。由此可知,所有的财产拥有人都该把嫉妒心放在一边,以更聪明的方式支持由出生所赋予的权利。

支持此种做法可以保证贵族们从中得到双重的好处,一方面维护了贵族对财产的占有权,另一方面又巩固了国王的世袭权利。因国王乃一国之中最大的贵族,所以通常会把其他的贵族当成血缘亲近的亲属来对待;但对同样授以高官厚禄却出身市民阶层的人,国王的处理方式是完全不同的。同理可知,国王会自然地对某类人也抱有更多的信任,这些人的祖先曾是国王祖先的近侍和最亲密的僚属。所以当一个贵族受到猜忌时,他可以凭借自己的姓氏,向国王重申并保证自己对他的忠诚与顺从顺服。总而言之,正如我的读者所熟知的,父亲的性格是可以继承的,然而无知和可笑的事情是,有些人却不愿意让别人知道自己是谁的儿子。

§131

除去少数别例,所有的女子都有奢侈挥霍的倾向。所以所有的财产,除非特殊情况,即除非是女子自己挣得的,都应当被好好看紧,以防备女子的愚蠢行为。在这一问题上,我持同样的观点。女子是绝对不会完全成熟的,应该常常置于男性的实际监护之下,要么受父亲、丈夫和儿子的监护,要么受国家的监护,正如在印度一样。在印度只要不是由女子们自己挣来的财产,女子们便不能随心所欲地支配。我认为,让母亲承担由父亲遗传自己性格给后代的责任,并担负起监护人和管理人的角色,是不可原谅的道德败坏之举。担负监护人角色的女子,在绝大多数的时候会肆无忌惮地与她的情人挥霍孩子们父亲遗留下来的财产,孩子们的父亲生前竭尽全力为赡养她耗尽全部生命挣得的财产。女子却毫不在乎是否要跟自己的新情人结婚。身为父亲的荷马早就警告我们要警惕：

　　你可知道，女子的心里究竟想的是何物？

　　其心所想唯有居住舒适惬意的房子，活泼的孩子和俊俏
的伴侣。要是他逝去，她想也不想，问也不问。

——《奥德赛》

　　丈夫去世之后，现实的母亲往往会成为继母。然而由于继母
们的信用太差，以至于人们干脆造出"继母式的"这个词形容她们，
但是却没有什么"继父式的"这类词。早在希罗多德的时代，继母
们的信用就已经很低了，低到足够使希罗多德意识到这一点并记
录保留下来。任何时候一个女子都只能置于监护人的监护之下，
而绝不能允许成为监护人。此外，假如一个女子不再爱她的丈夫，
她也将不会再爱丈夫的孩子们，也就是说，爱其丈夫的孩子是出于
本能的母爱（人们不会认为这是她的道德义务），现在这母爱消失
了。——另外，我还有一个看法，那就是在法庭上，一位女士的证
词"在同等条件下"（*ceteris paribus*）的可信度应低于某位男士的
证词，比如说两位男性证人的证词应等同视为三位甚至四位女性
证人的证词。因为我相信，大部分的女性同胞每天撒谎的数量是
男性的三倍之多，而且还要装做自己是很正直和诚实的，这一点是
男性们绝对想不到的。但是穆罕默德的信奉者却又夸张地走到了
另一个极端。一位在此地求学的土耳其年轻人，有一次曾对我说：
"我们只把女人当成撒种的土地。至于她信奉什么宗教都没什么
关系，我可以跟一个基督徒结婚，而不会要求她改变宗教信仰。"我

问他是否也可以跟德尔维什派教徒结婚时,他是这样回答我的:
"当然可以的,就连先知都可以结婚,只不过那些女人不会比先知
更圣洁罢了。"

假如我们取消假日,代之以相同的假时(小时),岂不是更好
吗? 想一想,把星期天里无聊而又危险的 16 个小时中的 12 个小
时,分配到一个星期中的每一天,岂不更舒服! 如果说星期天是为
了让人们安心进行宗教活动,那么通常两个小时就足够了,多出的
时间人们几乎也不会奉献给宗教活动,更不会用来进行安详的默
祷。古人就没有什么每周休息日的说法。不过人们会认为,如何
分配每天实际多出的两个小时的悠闲时光而不受打扰,很显然也
是一件颇伤脑筋的事情。

§132

永恒的犹太人亚哈随鲁的形象所代表的,正是全体犹太民族
的集体人格化。亚哈随鲁因为亵渎了世界的救主和救难者,便永
世不得解脱世俗的生活及烦劳,并且无家可归,永远在异国他乡奔
波。这便是犹太人,这个小民族命运的写照,犹太民族被从其居住
地赶出来至今已近两千年,在异国辗转奔波,却令人匪夷所思地继
续生存了下去。与此同时,许多伟大而荣耀的民族却永远沉寂了
下去,完完全全地消失了,比如亚述人、米底人、埃及人、伊特鲁里
亚人,等等。但是直到今天,我们都还可以在地球上的任何角落里
找到这个"没有祖国的民族"(gens extorris),散落在各个民族中
没有国家的约翰,他们到哪儿都没有家,却到哪儿都不陌生,他们

用无人可比的顽强性格宣示自己独特的民族性。是的,他们还时常想起亚伯拉罕来,作为一个外乡人,他曾在迦楠居住过,却因上帝给予他的应许,成了那片土地的主人(《创世记》第 17 章 8 节)。所以犹太人乐意随遇而安,落地生根,并希望可以再次建立自己的祖国,毕竟没有祖国的民族始终只是浮在空气中的气球。[25]虽然直到彼时,犹太人仍寄居于各个民族之中,生活在其他民族的土地上,但犹太人依然在灵魂上鲜活地拥有属于自己民族的爱国主义,犹太人以最为紧密的方式团结起来,使得他们的爱国主义可以令人惊讶地屹立不倒,犹太人之间我为人人,人人为我,比起任何其他民族,犹太人"没有祖国"(sine patria)的爱国主义却更令人欢欣鼓舞。一个犹太人的祖国就是所有其他犹太人:所以他要为所有其他犹太人奋斗,就像"为了自己的房子和炉灶"[26](pro ara et focis)奋斗一样,在地球上没有一个集体会像犹太人这样紧密抱在一起。由此可知,让犹太人参加一国的政府管理工作是一件多么愚蠢的行为。犹太人的宗教从一开始就和犹太人的国家融合在一起,但也因此不是什么了不得的事情,不过是充当把犹太人聚拢在一起的纽带罢了,是犹太人的"中心聚焦点"(point de ralliement)和部队识别标志,以使自己与他人区分开来。即使是已经受洗改宗的犹太人,也绝不会像其他所有改宗者那样,对所有未改宗的同类抱有仇恨和憎恶的心理;倒不如说,犹太人通常会继续做他们的朋友和同志(个别改信东正教的犹太人除外),会继续把他们看成是自己的同乡,用这一事例便可以印证上面的说法。甚至有的时候,犹太人日常庆典祷告时,当一段这样的祷告必须有十个人参加,而正巧某位缺席时,一个受洗改宗的犹太人也可以被允许一起来参加祷告,但是其他的基督徒却是不被允许的。所有其他犹太人的宗教活动也都允许这种情况出现。由此我们更明白,当基督教完全衰败并最终消亡的时候,犹太人,作为与别人区别开来的犹太人,不会随之消亡,会继续顽强地存在下去,并继续团结在一起。所以,把犹太人只是当成宗教教派的想法,是最最肤浅和错误的看法,然而,人们为了纠正这一错误观点,从基督教会中借用了一个词语,把犹太教说成是"犹太人的宗教社团",也是个错得离谱的讲法,是有意在误导人们,根本上就不应该这样来形容犹太人。"犹太民族"反倒是更贴切的表达。在犹太人之间根本就不存在什么教团:犹太人的一神教主义从属于犹太人的民族认同和国家法典,这不需要证明的,是自明而明的,我们甚至可以把一神教理解成犹太教的别称。对犹太人民族性格许多著名的错误理解中,最为明显的一个便是认为,犹太人令人诧异地缺乏"害羞"(*verecundia*)这个词所传达出来的精神内涵,然而就算犹太人缺少此种品质,但或许比起其他什么积极的民族品格,犹太人这样的性格更有用处。我想说,这些错误理解要归结于犹太人长期遭受的不公正压迫,虽然人们应当为之感到抱歉,但对犹太人的压迫不会停止。当某个理性的犹太人,丢掉了陈腐的寓言、胡诌和偏见的束缚,接受了洗礼,从某个社团中退了出来,而这一行为既未能给他带来荣耀,也不能提供什么好处(即使在某些特例中也会发生),对他而言,尤其是拥有基督教的信仰也不会是什么翻天覆地的变化时,我一定会极力地赞赏他的行为,因为这样的一个犹太人,不也正是每个年轻基督徒在接受坚信施礼时努力背诵的经文的作者[27]吗?不过要是为了把这一步骤也省略掉,且用世界上最柔性的方式,为这完全悲喜交加不伦不类之举画上句号的话，最有效的办法莫过于允许犹太人和基督徒之间通婚，并且要合力促成此事，基督教也不会因此遭受任何的指责，教会早已经认可了使徒们的权威而不会违背（见《哥林多前书》第 7 章 12—16 节）。照此来看，100 年后不会再有什么犹太人能够留下来，不久之后人们可以完完全全地把这一鬼影剪掉，把亚哈随鲁埋葬了，上帝的选民（犹太人）自己也不知道，他们的祖先曾于何处栖息过。如果人们不断地解放犹太民族，也就是让犹太人获得公民权，使其参与基督教国家政府的管理工作，会加速催生出这一令人期待的结果。如此以后，犹太人将成为真正"充满爱的"（*con amore*）犹太人。虽然让犹太人与其他人拥有同等的公民权体现了正义，但是让他们参与国政则是愚蠢的做法：犹太人现在是并将一直是来自东方的外来民族，必须永远被当成是定居的外国人来对待。大约 25 年前，英国的议会就犹太人解放法案进行了辩论，一位演说者发表了以下的假设性言论："一个英国犹太人前往里斯本，他在那里遇到两个陷入极度窘困的人，但是凭借他的能力只能救出其中的一个。这两个人他都不曾认识，其中一个是英国人，但是基督徒；另外一个人是葡萄牙人，但却是犹太人，那么他会去救谁呢？"我认为，没有任何理智的基督徒和正直的犹太人会对这个问题的答案还有什么异议。这一答案也给予了我们一个如何赋予犹太人权利的标准。

§133

任何情况下，宗教都不会像宣誓时那样，直接而显著地对人的现实物质生活进行干预。一个人的生命和财产竟要依赖另一个人的形而上学信念，这已经是一件足够糟糕的事情了；要是将来有一日，就像现在我们所忧心的那样，所有的宗教全部濒临崩溃的境地，所有对宗教的信仰都消失了，那时候又该拿宣誓怎么办呢？所以现在值得我们劳心劳力地去研究，宣誓活动中是否存在独立于所有积极信仰之外的、能以清晰明了的概念表现意义内涵，这一意义内涵就像是用纯金制成的，可以胜过将人类维系在一起的普遍宗教纽带，就算这样的一种意义内涵不像宗教誓言那般庄严而有力，并因而显得灰暗光秃和平淡无奇。

宣誓行为毋庸置疑的目的，是通过某种方式使人更加强烈地顾忌他所接受的公认道德义务，这种道德义务便是要求人们说真话，宣誓行为使之鲜活地意识到这一点，以此在纯粹道德的层面上与人类的虚伪和狡诈对抗。我想依照我的伦理学原则找到为确立这样一种义务所需要的内涵，此种内涵中去除了所有超验和神秘主义成分，只有纯粹的道德内容留下来。

我已在我的主要著作第 1 卷第 62 章第 384 页，在获奖论文《论道德基础》第 17 章第 221—230 页详尽地提出了一个命题，即在特定的情况下人类有说谎的权利，并为论证该命题进行了一番解释和论述。能够发生这种状况的情形是，首先当一个人有权使用暴力反对他人时；其次当某人向他提出了全然无理的问题，这些问题的设置使他无论拒绝回答还是提供诚实的答案，他的利益都会因此受到损害。但正是因为在这些场合下，毫无疑问，人们会得到所谓说谎的正当性，所以在一些关键性的场合（在这些场合中裁判结果依据当事人的陈述做出），就像发誓行为一样，对具体情形的界定也是极其重要的。首先需要对此时的状况做出一个明确而郑重的澄清，也就是当事人并没有遇到上文所述的特殊状况，便是说当事人了解和知道，此时他并未受到暴力或以暴力相威胁，而是可以无碍地履行自己的权利。同理也就意味着，他已经承认某人向他提出的问题是一个合理的问题。最后当事人也清楚地意识到，所有的结果都取决于他针对这个问题当下所做的陈述。这份澄清也就意味着，如果当事人在此撒谎的话，他会清楚地意识到自己的行为是不义的。因为人们信任他是诚实的，才将全部的法律权利赋予他，但是他却把这些本可以用在正当事业上的权利，用来做出不义之举。如果当事人在此撒谎，他也会清晰地意识到，他将自由的法律权利通过最冷静的思考用在了不义之举上，他所留下的证词便构成了伪证。就此问题，我们还要附带地考虑到一种情况，那就是没有某种形而上学需求的人是不存在的，而且就算不是每个人都很清楚和很信服，自己也都多少能认识到，这个世界不是纯粹只包含有物理学的内容，而是同时蕴含着一个什么形而上学式的内涵，甚至还可以说，我们的个体性行为（就个体行为的纯粹道德性而言）因为这样的形而上学内涵，还有与行为的经验实际内涵完全迥异的并且更重要的结果，这样的结果实际上因此具有了超验性的意义。就此问题，我请读者参阅我关于道德基础问题的获奖论文第 21 章，我还补充一点，要是某人否认说自己的行为中还有什么东西异于经验内涵的话，那么他永远不会觉察到他的观点有什么内在矛盾的地方，也不需要强迫自己做任何与之有关的事情。要求人类做出宣誓行为明显基于一点，就是人类会在这种场合下，必把自己看成是纯粹道德性的生物，意识到在此特定前提下他所做出的决定具有非常重要的意义，此时他应当逐渐抛弃所有其他的顾虑和想法，直到它们完全消失殆尽。由此可知，当如今的人们热烈地讨论信用问题时，无关痛痒的争论便是探讨人们是否在刺激兴奋中对人类存在的形而上学意义的确信（同时也是对人类存在的道德意义的确信），可以迟钝地感觉到，或者是否全部要用神话和寓言的方式伪装起来，从而使人能够活生生地接受，又或者是否必须借助哲学思考的明确性来解释。由此还可以知道，探究宣誓的形式根本上代表了哪一种神话性关系，抑或说宣誓方式是否完全只是抽象的，就像法国人通常说"我发誓"（*Je le jure*）一样，是不可能得到什么满意答案的。依据宣誓人的智力程度，我们应对宣誓的形式有所选择，也就是因时因地，根据宣誓者不同的积极信仰来挑选不同的宣誓方式。如果我们如此对待宣誓这一行为，那么即使是一个没有任何宗教信仰的人，也是完全可以允许宣誓的。

注释

[1] 依据 *Arthur Schopenhauer Sämtliche Werke* Band Ⅴ，Stuttgart，1986，S.284—325 翻译。

[2] Menschenrechte，或译人权。——译者注

[3] Philosophaster，Philosoph 即为哲学家之意，而 aster 取自拉丁文，有"小"、"无足轻重"之意。——译者注

[4] Unnecht，作为权利 Reeht 的反义词，译成"权利伤害"；而作为正义概念的反义词时，则译为"不义"。——译者注

[5] Macht，既指权力，也泛指力量。——译者注

[6] 想要知道抛弃这一原则的后果，我们可以来看看如今的中国；面对内部的叛匪和外部的欧洲人，这个世界上最大的帝国毫无还手之力，必须为自己只知操练和平的技艺却不培育战争技巧的做法付出代价。——在能动自

然的影响和人类的影响之间，存在着一个特殊的但非偶然的相似性，这一
相似性的基础是意志在两者中的同一性。在整个的动物自然界中，当以植
物为食物来源的动物出现之后，在每一种动物类别的末端都必然会诞生出
食肉动物来，食肉动物则以该动物类别的首端动物为其猎物，以此来维持
自己的生存。同样地，当人类辛劳地用脸上的汗水从土地中收取粮食，当
这些必要的收获可用以维持一个民族的生存之后，一定会在人类中间出现
相当数量的群体，他们不再在田地上辛勤耕耘，并靠收取土地上的获益生
存，而是带着他们仅有的财产——一副饥饿的皮囊，赌上自己的生命、健康
和自由，从那些合法占有财富的人手中夺取食物，并将他们的劳动果实占
为己有。人类种族中的这些食肉动物便是统治民族，自古至今，我们眼见
这些民族在世界上到处窜出来，他们的运气时好时坏，而他们每一次的成
功和失败则无疑构成了世界历史研究的原始材料。所以伏尔泰这么说是
有道理的：偷窃是所有战争的主题(《奥尔良少女》第 19 章)。由于人们耻
于说出这个理由，所以我们便看到，任何一个政府最响亮的声明都不会说
是为了防卫自己，而要人民拿起武器来。——叔本华原注

[7]　原文是一个关于家兔也会咬狗的故事。——译者注

[8]　约翰纳斯·斯托拜俄斯，约生活在 5 世纪早期，生平事迹不详，作家，古代
　　　哲学文献的整理者。著有《古代哲学札记》。——译者注

[9]　原文是拉丁文，Ωs κρειττον εστι Χρηστου τυχειν H ζην ταπεινωs και
　　　κακωs ελευθερον。——译者注

[10]　原文是拉丁文，Ωs εν σφον βουλευμα τas πολλων Χειρas νικα。——译者注

[11]　奥维德(前 43—17)，罗马诗人。——译者注

[12]　斯托拜俄斯：《著作集》第 2 卷，第 201 页："波斯人有一个习俗，在某位国王
　　　去世后的 5 天内，全国都处于无政府的混乱状态中，从而使人们意识到国
　　　王尊严和法律的价值之所在。"——叔本华原注

[13]　拉罗什富科(1613—1680)，17 世纪法国古典作家，著有《箴言录》、《回忆
　　　录》等。——译者注

[14]　伊壁鸠鲁(前 341—前 270)，古希腊哲学家。——译者注

[15]　1349 年自命为王，反对卡尔四世皇帝。——德文版注

[16]　应指安东尼奥·萨列里的歌剧。——译者注

[17]　德国的科学家们认为，在盎格鲁—撒克逊诸王时代并不存在什么真正意义
　　　上的宣誓。在第一批诺曼人到来时也没有，而是一步一步逐渐完善的。直
　　　到爱德华三世和亨利四世的时代，宣誓才真正完全成熟。——译者注

[18]　德语姓，本意指剪刀匠。——译者注

[19]　德语姓,本意指手套匠。——译者注

[20]　塞米尔·约翰逊(1709—1784),英国作家。——译者注

[21]　詹姆斯·鲍斯威尔(1740—1795),英国传记作家。——译者注

[22]　德语谚语,表示不胜任。——译者注

[23]　参见海因里希·海涅的《勒格朗记》。——德文版注

[24]　信徒 Gläubige 与债主 Gläubiger,两个词非常相似,这里有讽刺的意味。——译者注

[25]　《摩西五经》第四和第五经给了我们一个极富教育意义的例子,告诉我们一个民族是如何形成的,也就是移徙着的一帮人如何试图将已经定居于此地的民族,占据了丰饶土地的原始民族赶走。移民潮或者更准确地说,对美洲的占领行动,也就是持续地驱赶在美洲的土著人(在澳大利亚也是如此),便是上述行为方式后的最新表现。犹太人在神所赞美的土地中,与罗马人在意大利所扮演的角色,根本上如出一辙,也就是扮演一个移动民族的角色,不断地与先前在此定居的定居者展开战斗,并最终将他们征服。只不过罗马人远远地超过犹太人,把这一进程不断向前推进。——叔本华原注

[26]　参见西塞罗:《论神性》,3,40,94。——德文版注

[27]　指基督教的使徒。——译者注

论 自 杀[1]

§157

依我看,只是在一神论,也就是在犹太人宗教的辩护士那儿,自我了断成了一桩罪行;更惹人注目的是,无论在《旧约》还是《新约》中,都找不到任何一条有关自我了断的戒律,或是一条坚决的反对。到头来,那些宗教教士又不得不依靠他们自己的哲学根据,解释禁止自杀,可是在这点上他们实在做得很糟糕,没有强有力的论据,就试图煽动起强有力的反感,代之以咒骂,以致我们耳旁充斥着这样的恶语,说自杀是最大的懒惰,自杀者精神错乱;要不就是摆出枯燥乏味的东西或是连篇废话,说什么选择自杀是"没有权利的"(显而易见,任何人在这个世界上的权利都没有像拥有自己的人格和生命的权利那样无可争议)。自杀甚至还被列入罪犯的行当,尤其是在流氓横行、矫揉造作的英国,陪审团从来都裁定自杀者为精神错乱,因此还要顺带给予他们一份侮辱性的葬礼,财产则一律充公。如此一来,人们打一开始就会任由自己的道德感来决定是非了,他们会将一类印象,此类印象由这样一条报道触发——我们熟知的某个人犯了罪，也就是犯下了谋杀、暴行、欺骗、盗窃等罪行；与另一类印象对比起来看，这类印象则来自一条关于那人稍后自杀的报道。前一类生动的报道一般会招致人们的愤怒、恶感以及要求惩罚和报复的呼吁；后一类报道则往往引发人们的哀伤和同情，在哀伤和同情中掺杂更多的是对自杀者勇气的敬佩，而不是对恶行的道德谴责。谁的故交、挚友和亲人中没有人曾自愿弃世呢？莫非想念他们的时候也要带着反感视其为罪犯吗？"我说不，并且再说一遍，不！"（*Nego ac pernego*！）我的态度是这样的，请那些神职人员获许不动用任何一条《圣经》上的权威做一次布道，从而证明，也就是说，请使用任意无懈可击的哲学论据证明，为什么要把许多受我们尊敬和爱戴的人做出的行为，从布道坛一直到文献中都烙上了"犯罪"二字？为什么拒绝给那些自愿弃世的人一份体面的葬礼？他们需知晓，人们要的是以理服人，而不会接受空洞的辞藻与责备谩骂。假如刑事司法机关颁令禁止自杀，也不会采取什么在教会中行得通的理由，更不要说这样的决定本身就荒唐可笑。试问，什么样的刑罚可以制止一个人自寻短见？如果一个人因尝试自杀而遭处罚，那么处罚的对象不是自杀，而成了完成不了自杀的能力缺乏。

　　然而想要做到在阳光中洞悉此事，即便古人也与之相去甚远。普林尼[2]说：

　　　　我们认为，人不该过分溺爱自己的生命，千方百计地延长自己的寿命。你注定是怎样，便是你所能希望的，不管你活着的时候是积德行善，抑或是堕落与作奸犯科，都将毫无例外地死去。所以人人都会把这样一种认识当成疗治心灵的良方，即自然赐予人类的万物中没有一物可与早逝相提并论。早逝之所以是万全之物，在于人只需凭一己之力便可实现。

——《博物志》第 28 卷第 2 章第 9 节

他还说：

神也不是万能的，因为他不能对自己做出死亡的判决，即使他想要如此，而他却在生命无尽的苦难中赐予了人类这项最伟大的禀赋。

——《博物志》第 2 卷第 7 章

在马赛利亚[3]和凯俄斯[4]岛有人若能搬出令人信服的轻生理由，执政官甚至会公开授予其毒堇[5]（瓦勒里乌斯·马克西穆斯[6]的《言行录》，第 2 卷第 6 章，第 7、8 小节[7]）。另外，甘愿以死明志的古代英烈与先贤何其多！即便在亚里士多德那儿也只强调，自杀是对抗城邦的不义之举，却不与自己的人格为敌（《尼各马可伦理学》），正如斯托拜俄斯在逍遥学派[8]伦理学的论述（《伦理学精选》）中指出的：

无论身处巨大激荡的逆境，抑或身处一帆顺遂的顺境，正直的人们都应当将性命舍弃。

与此相类似，在第 312 页：

所以人们必须娶妻生子，报效国家……然而却要殚精竭虑地一会儿存续性命，一会儿又受必然性的驱使将之舍弃。

我们发现，斯多亚派尤其赞赏把自杀当作一件高尚的兼具英雄气概的壮举，斯多葛哲学家们更是前赴后继地亲身殉道，最壮烈的一次非塞内卡[9]莫属。众所周知，在印度教徒眼里，自我了断更常常是宗教性的义举，如娑提仪式[10]；又如任凭奉祭毗湿奴[11]的神车从自己的身上碾过；再如牺牲于路边的或圣洁寺庙池塘中的鳄鱼之口，不胜枚举。又好比在剧院这面人生的镜子前上演的一幕幕，譬如著名的中国戏剧《赵氏孤儿》（儒莲[12]，1834 年译本）中所有的高贵角色几近皆以自杀终了，然而该剧既未以任何方式暗示抑或使观众联想到他们犯下了什么罪行。在我们自己的舞台上所展现的东西，与之本质上亦无差别，例如《穆罕默德》[13]中帕尔米尔、《玛丽亚·斯图亚特》[14]中莫蒂默、奥赛罗[15]、《华伦斯坦》[16]中特尔茨基伯爵夫人。索福克勒斯[17]说：

……如我愿，神亦予我自由。

——《酒神的女信徒》

试问哈姆雷特的独白是对罪行的沉思吗？他赤裸裸地道出，一旦我们确信死亡之后是绝对的毁灭，那么窥见了这世界的特质，他就不得不做出选择。"但是困难重重"（*But there lies the rub*）——那些反对自杀的理由，那些由一神论即犹太人的宗教教士们提出的理由，那些由与之趣味相投的哲学家们提出的理由，都不过是些动摇的且易被驳倒的教条罢了(请参见我的论文《论道德的基础》第 5 章)。对之最强有力的反驳是休谟[18] 撰写的《论自杀》,该书直到休谟去世后才出版,在英国遭到了伪君子们的诋毁和教权阶层的压迫,只有少量孤本以极高的价格秘密售出,我们则要感谢巴塞尔版的再版图书《晚期休谟著〈论自杀〉与〈论灵魂不朽〉》(第一章第 24 节,第 80 页,巴塞尔,1799 年,詹姆斯·德克尔出售版),它使这位伟人的书籍与另一篇论文保留了下来。一篇带着冷峻理性思考的纯粹哲学论文,有力地驳斥了反对自杀的通行理由。作者是英国最早期的思想家和作家之一,却在出生地不得不像本下流书刊一样偷偷摸摸地流传,直到在国外找到庇护为止。这无疑给了英吉利民族一记重重的耳光,同时使教会如何对付一个富有良知的人的卑劣行径昭然若揭。反对自杀唯一独具说服力的道德理由,其实我早在我的主要著作[19] 中(第一卷第 69 章,第 541—546 页)列出,那便是自杀用虚假的解脱取代了从这个悲惨世界解脱的真实之路。其实自杀行为与最高道德目标的实现背道而驰,不过,如果基督教教士们就此给自杀打上犯罪的烙印,恐怕(自杀在)此处的迷失行为与犯罪行径依然有遥不可及的距离。

基督教的本质是它那个最内在的东西:痛苦(十字架)才是生命的根本目的。基督教之所以抛弃了自杀,是因为自杀与此目的背道而驰。相反,古代的先贤们却站在一个低起点上赞成自杀,甚至赞美自杀。基督教反对自杀的真实理由其实是一个禁欲式的理由,这一理由所占据的伦理起点,比今日欧洲道德哲学家们都要高得多。然而,一旦我们的论说脱离了这样的高起点,便不会再有什么站得住脚的道德理由谴责自杀了。如此一来,如果既不靠圣经又不诉诸雄辩,一神教教士们反对自杀[20]的无比冲动的热忱,似乎只能建立在一个晦暗不明的根据上了。以至于若这晦暗的根据不是这样的,说什么自愿对生命的放弃是对某个人的低级献媚,因那人说过"一切都甚好"[21],那就必是宗教中滥竽充数的乐观主义了。此种乐观主义之所以指责自我了断,不过是为了不被自杀的信奉者反过来指责。

§158

总而言之,人们发现,一旦对生活的恐惧超越了对死亡的恐惧,人便能坦然地为自己的生命画上句号。然而死亡的恐惧也会奋起反抗(生活的恐惧),俨如把守出口的哨兵。假如这种生命的结束确实是纯粹的否定,是存在的戛然而止,那或许不会有人对自己的生命做个了断。可事实是,这种结束依然带有肯定的内容,这便是肉体的毁灭,因为肉体的毁灭使一切原形毕露,原来肉体也无非生命意志的现象而已。[22]

可是,哨兵们的抵抗有时却不像我们想象的那么有力,尤其遭遇到精神痛苦与身体痛苦的二元对立时。譬如身体遭受着极大的折磨或长久的病痛,我们会把其他一切烦愁看得无所谓,关心的只有身体的康复。同样,精神痛苦也可以强烈到令我们忽视身体痛苦的存在:我们藐视它的存在。是的,所以一旦精神痛苦想要占据优势,结果便是迫使人们痛快地将之驱散,让精神折磨暂停下来。这也就是自杀变得轻而易举的缘由所在,只要和自杀联系在一起的身体痛苦,在苦主眼中已无足轻重。在某类人的身上这一点尤其显著,这类人往往为病态的极度焦躁情绪驱使而自寻死路,他们连思想斗争都不需要,更不需要什么准备,只须负责看护他们的人离开两分钟,他们就会果断地结束自己的生命。

§ 159

当恐惧蹿升至最高点,往往能将我们从沉重可怕的梦魇中惊醒,如此梦魇中那些恐怖的东西才会消失。在生命的迷梦中亦然,一旦达到恐惧的最高点,生命的迷梦亦被打断。

§ 160

自杀还可以当成一次试验,一个由人向自然发出的诘问,并强索答案的诘问,这诘问是:人类的存在和认识会因着死亡而经历什么样的变化? 然而要回答这一问题又是不可能的,因为本该获悉这一答案的意识,其一致性却连带地被扬弃了。

注释

[1]　依据 *Arthur Schopenhauer Sämtliche Werke* Band Ⅴ , Stuttgart, 1986, S.361—367 翻译。

[2]　加伊乌斯·普林尼·塞坤杜斯,又称老普林尼(25—79),罗马学者。——译者注

[3]　即现今法国南部港口城市马赛,原文中叔本华使用 Massilia 一词,该名称是古希腊对马赛的旧称。——译者注

[4]　即现今希腊凯阿岛,叔本华引用的是古希腊文 Keos, Kὲως,位于雅典市东南方的爱琴海。——译者注

[5] 欧洲常见的一种毒草,相传苏格拉底死前便是饮用此种植物制成的毒药。——译者注

[6] 瓦勒里乌斯·马克西穆斯(创作时期约公元 20),罗马历史学家和道德家。著有《善言懿行录》九卷。——译者注

[7] 在凯俄斯岛曾有老人自杀的习俗。[参见瓦勒里乌斯·马克西穆斯的著作第 2 卷第 6 章,赫拉克利德斯·彭提乌斯的《残篇》第 9 章,埃利安的《史林杂俎》第 3 章第 37 页,斯特拉波的《地理学》第 10 卷第 5 章第 6 小节(克拉默版)]。——译者注

[8] 即亚里士多德学派。——译者注

[9] 塞内卡(约 1—约 65),古罗马著名的斯多葛哲学家、戏剧家和政治家。——译者注

[10] 原文为 Witwenverbrennung,即印度"娑提"仪式中寡妇赴火行为。——译者注

[11] 印度教中神最重要的化身之一。德文中援引的是对毗湿奴的尊称 Jaggernaut,该称谓在印度的奥利萨邦较为盛行。——译者注

[12] 儒莲(1797—1873),法国汉学家。——译者注

[13] 法国哲学家伏尔泰的戏剧作品。——译者注

[14] 德国诗人、哲学家弗里德里希·席勒的戏剧作品。——译者注

[15] 英国戏剧家莎士比亚的《奥赛罗》中的角色。——译者注

[16] 席勒的三部曲戏剧。——译者注

[17] 并非索福克勒斯,应为欧里庇得斯。——新版编者注

[18] 休谟(1711—1776),18 世纪苏格兰经验论哲学家、历史学家、经济学家和随笔作家。——译者注

[19] 即《作为意志和表象的世界》。——译者注

[20] 这点上所有人都是异口同声的。依据卢梭的观点(《著作集》第 4 卷,第 275页),首先是奥古斯丁和拉克坦蒂把自杀当作罪责来解释,但其论据却来自柏拉图的《斐多篇》(第 139 页),也就是那自此以后老掉牙的像是全然凭空捏造的论据,说什么我们要恪尽职守或说我们是众神的奴隶。——叔本华原注

[21] 出自《圣经》中《创世记》第 1 章第 31 节。——译者注

[22] 参见《作为意志和表象的世界》第 1 卷第 4 篇第 71 小节。——译者注

论 争 术[1]

辩论的技术

论争术[2]是如何辩论的技术，即以"各种正当的与不正当的手段"[3]（*per fas et nefas*）与人争辩，使自己有理有据。人们可以在任何情况下，想当然地认为自己具有各种客观的理由，但在其他人眼中，有时甚至在他自己眼里，却没有任何客观的理由。当争辩对手反驳我提出的证据时，在我看来也就是对我观点的反驳，为了维护我的观点，我还可以找出各种其他的证据来；同样的情形下对我的争辩对手而言，两者的关系却颠倒了过来：他在针对我的客观无理上是有理由的。所以说，一个相同命题的客观真理与适用范围，在争辩者与听众的认同范围内，居然还是不一样的（话术即指向听众）。

这从何而来？——因人类的自然卑劣属性而来。如果不是如此，我们都应该是彻头彻尾诚实的人，我们挑起任何一场争辩，都只是为了促进对真理的发现，丝毫不在乎这一真理是否与我们最初提出的意见相吻合，也不在乎是否与他人最初提出的意见相契合。两者之间没有区别，或者至少可以说完完全全是无关痛痒的事情。但是现在，我们却把这一区别当成了大事。我们与生俱来的虚荣心，凭借知性领悟力的帮助变得特别敏感，不希望看到我们首先提出的意见，结果却是错误的；而争辩对手的意见，结果却是正确的。如此一来，似乎每个人顾虑的纯粹就是为了能够正确地对事物作出判断，别无他求；为此他必须先想清楚，然后再把话说出来。但是在大多数人身上，同与生俱来的虚荣心结伴而生的却是嚼舌头和与生俱来的不诚实。他们还未思索明白就开始滔滔不绝，而且就算他们事后觉察到自己的观点是错误的、他们的理由是站不住脚时，还要假装事实正好相反。过去提出一个可能正确的命题时，多数时候寻觅真理的兴趣是唯一的动机，但是现在却完全让位给满足虚荣的兴趣：现在真的当似假的，而假的当似真的了。

说谎，也就是顽固坚持一个看上去错误的命题，本身也是一种托辞。起初我们都对自己的观点常深信不疑，但眼下争辩对手提出的论据，快要将我们的观点推翻了；假如我们现在立刻放弃自己的立场，过后我们又经常发现，虽然我们提出的证据是错误的，但是我们仍然可以为我们的观点找到一个正确的证据。只不过我们未曾马上想到这样一个挽救困局的论据。由此可以得出这样一个准则：当对手反驳我们的论据显得正确而又肯定的时候，我们仍应继续与之抗辩，我们应相信，对手的论据只不过显得正确罢了。我们总可以在辩论进行当中，再思索出一个新的论据来，将对手的论据驳倒，或是找到一个在其他方面足以确认我们观点正确的论据。所以我们几乎是被迫在辩论进行的过程中撒谎，至少也可以说我们很容易就被诱惑而说谎。在这种情形下，我们知性的弱点与意志的偏颇更助长了这一行为。结果是，谁若参与到一场辩论中，他通常不再是为了真理而辩论，而只是为了一个命题与人争论，就像是为了"房子和炉灶"（*proara et foeis*）争论，并且使用上"正当的或不正当的手段"（*per fas et nefas*）。是的，正如我所指出的，一场辩论中的情形不会再有其他可能。

照常理每个人都想让自己的观点能够贯彻到底，就算眼下他的观点似乎是错误的，或遭受了别人的质疑。[4]我们每天在辩论中累积起来的经验，教会了我们一点，某种程度上正是各种辩论辅助手段，塑造了属于每个人自有的临机应变和卑鄙无耻。所以每个人都有属于自己的自然话术（Dialeltik），就像每个人都有属于自己的自然逻辑一样。只不过前者对每个人的引导效用，长久以来都不如后者那般可靠罢了。几乎没有人可以很容易地违反逻辑规则思考，并推导出结论。因为错误的判断常常有，但错误的推导结果却极其稀少。要一个人缺少自然逻辑也不是那么容易的，但是人却很容易缺少自然辩证法。自然辩证法不是一个分配均匀的自然才能（就像人们的理性是均匀的，但是分到的判断力却是不均等的）。因为通常当对手使用纯粹似是而非的论据时，人们会被迷惑，而自己真正有理的地方却被对手驳倒，或者出现完全相反的情形。如此谁若从这样的一场争论中获胜，常常也不会是因为胜利者运用其判断力正确地提出了一个命题，倒不如说归功于胜利者的狡诈与圆滑，他靠着这些手段才有效地捍卫了自己的立场。在这里，天生禀赋如同在所有的地方一样都是最好的东西[5]，不过通过操练和对措辞运用的反复思考（人们用这些词语直接挫败对手，或者使用这些措辞达到挫败对手的目的），也极有助于成为深谙此道的大师。所以我们知道,要是人们说逻辑几乎没有什么实际用处的话,辩证法却完全可以有用。我甚至觉得,亚里士多德正是要把他的逻辑(分析法)构筑成辩证法的基础与前提,并以此为己任。逻辑处理的是诸命题的纯粹形式,辩证法负责内涵或者说材料,处理诸命题的内容。所以对形式的研究仍然要先于对普遍事物的研究,对内容的形式的研究也应先于对个别事物的研究。

  亚里士多德并未像我一样,对辩证法的目的有了一个明确的交待。他虽将辩论定为了主要目标,同时添加进一个对真理的追求(《工具论·辩论篇》Ⅰ,2),尔后又说:

> 人们以哲学的方式处理语句,是为了真理;以辩证法的方式处理语句,是为了似是而非的假象或掌声,为了博得别人意见(δοξα)的赞同。

——《工具论·辩论篇》Ⅰ,2

他很清楚,一个命题的客观真值与该命题的适用范围,或者说与该命题对其许可范围的要求与主张是有区别的,两者是分开的;只不过亚里士多德没有足够清晰地区分两者,从而将后一项任务指派给辩证法[6](Dialektik)。亚里士多德为后一个目标所设定的规则,却又常常与前一个目标的规则搅和在一起。[7]亚里士多德在《工具论》中以自己的科学精神,在方法上和体系上最大限度地对话术展开了攻击,尤其是当其中明显实际的目标并未达到的时候,这一举措更是令人钦佩,嗣后亚里士多德又在《工具论·分析篇》中对概念、判断和结论从纯粹形式方面做了一番考察,亚里士多德走向的是内容,尽管他根本上只是在处理与概念有关的东西,但概念中正包含着内涵。命题与结论就其本身而言是纯粹的形式,而概念是其内涵。[8] 其内涵的演进程式如下所示,任何一场辩论都有一个题目或者说问题(两者的区别纯粹只在形式上),然后就是有各种命题,用以解决辩论中提出的问题。其中总是会涉及各种概念之间的相互关系,而存在的关系主要有四种。从一个概念中我们可以找到:1.该概念的定义;2.该概念所属的种类;3.该概念所特有的东西,本质的标志(proprium,ιδιον);4.该概念的特性(accidens),也就是任意某种特性,既可以是特有的、与众不同的东西,也可以不是,简而言之就是谓词(项)。所有辩论中提出的问题都可以被还原到上述四项关系中的一项,此即为辩证法的基础。亚里士多德在《工具论》第八卷中将各种关系都列举了出来,在上述四种思考框架之下,各种概念相互从属于各种关系之中,而且亚里士多德还为每一种可能的概念关系指定了规则;从而说明了一个概念如何与另一个概念产生关系,以形成自己的特点(proprium)、特性(accidens)、属(genus)、定义(definitum);同时告诉我们,在确立定义的时候什么样的错误容易犯。提醒我们,当我们确立(κατασκευαζειν)了这样一种关系的时候,什么样的错误容易犯;当别人确立了一个概念关系之后,我们该如何做才能将之推翻(ανασκευαζειν)。每确立一个诸如此类的规则,或每确立一个有关种属概念之间内容的普遍概念关系,亚里士多德都冠之以位置、方位(τοπos,locus)的名称,他给了我们 382 个这样的地点、方位、位置(τοποι),然后汇编成一本书,叫做《工具论》(*Topica*)。亚里士多德在书中也附加了一些针对辩论的普遍规则,只不过从未说完罢了。

是故，位置、方位既非物质性的，也不建立在任何一个特定的对象或概念上，倒不如说位置、方位关乎的是全部种类概念的一个关系，是无穷尽的各种概念之间的一个共同点，只要我们将这些概念都放在前面所提的四种思考框架下观察，便可以在任何一场辩论中找到这一共同的关系。对于这四种思考框架而言，自然也有从属于自己的概念种类。不过我们现在的考察，在某种程度上也依然是形式上的，只不过不像逻辑学那样是纯粹形式的；因为我们现在的考察，虽然研究的是概念的内容，却是以一种形式化的方式，也就是我们的考察设定了，概念 A 的内容应如何与概念 B 的内容产生关系，从而概念 B 的内容可以被确立为概念 A 的属（genus），或是特点（proprium）、特性、定义，又或者是从属于这些的条条框框，与对立面相对（αντικειμενον），原因、结果、特性和缺乏，等等，任何一场辩论都要围绕着这些展开。涉及这些概念关系的规则，亚里士多德同样也称为地点、方位、位置，这些规则绝大多数是这样的，它们依附于各种概念关系的自然属性上，这些概念关系是任何一个人都可以自我意识到的，任何一个人自己就强烈要求，自己用这些概念关系使辩论对手就犯；如同在逻辑学中的情形，但比起逻辑学要不断回忆涉及这些关系的位置、方位（τοπος），此处却会使我们更容易进入某个单个的事件中观察，或是更容易察觉到丢失遗忘的内容。但这一新辩证法的实际效用依然不会过大，只有那些自明而明的东西、健康的理性自动观察思考的东西，才会有立竿见影的效果。举例来说，如果主张某个东西作"属"，那么必须得有另外一个东西作为"种"从属于这个"属"，如若不然，则这一主张便是不成立的。例如有人宣称，灵魂是可以移动的，那么必须有一种为灵魂所有的特定运动方式，例如，飞行，移走，生长，衰退，等等。若非如此，则灵魂不是可以移动的。这便是说，如果一个属没有从属于该属的种，则亦非属。这也是位置、方位的含义所在（亚里士多德《工具论》Ⅱ 4，111a33—b11）。一个位置、方位的效力既可以用在确立，也可以用在推翻的行为上。此为亚里士多德的第九位置、方位，与之相对应的是：如果属不存在，则种亦不存在。例如，某人（被宣称）数落了另外一个人的不是，可是如果我们证明，该人根本没有说过这些话，那么他对别人所谓的指摘也就不成立了。因为属都没有，哪里来的种呢？

亚里士多德在《工具论》中对第 215 号真命题的论述，即在"特性"、"本质的标志"（proprium）标题下的论述如下：

> 首先是推翻和撤销行为，当辩论对手提出了可作为某物特性的东西，却只能在感性的层面体会，那么他的做法是很糟糕的，因为所有感性之物，只要是出自感官的领域，就都是不确定的。比如说，对手抛出了太阳的特性，说太阳是悬在地球之上的最明亮的恒星，这一提法就不合宜，因为当太阳下山之后，便超出了我们的感官领域，我们并不知道太阳是否还是在地球的上方。其次便是建立行为和确立行为，如果我确立一样东西的特性时，使之不再从感性上得以认识，或即使在感性上来认识，也要使之具有必然性，那么我们才算正确地提出了某样东西的特性内容。比如说，我们提出地表的特性，首先是看有色彩的，虽然这仍然是一个感性的特质，但是显然无时无

刻不是正确的。

亚里士多德做出这么多的努力，无非是想将一个辩证法的概念勾勒出来。但是在我看来，亚里士多德的目标并未因之而达成，所以我尝试了用其他的方法来实现。西塞罗的《工具篇》简直就是凭借记忆对亚里士多德的抄袭，极为肤浅与贫乏不堪。西塞罗的目的从来就不是要去解释清楚什么是工具或方位（topus），而是"依随意的臆想"（ex ingenio）愚蠢地说出各式各样的废话来，并且还饶有兴致地附上许多司法案件，充当装饰物。这是西塞罗最拙劣文笔中的一件。

为了真正确立辩证法的原则，我们便不再必须顾及所谓客观的真理（此乃逻辑学的内容），而是把辩证法仅仅看作一种技艺，使自己有理有据，只要当我们在任何情况下越发自我觉得有理有据，也就越容易做到这一点。但是这样一种辩证法仍需教导我们，如何反击各种类型的攻击，尤其是保护自己免受谎言的打击；同时还需教导我们如何进攻别人的观点，使自己不能陷入矛盾的境地，而且免受对手的还击。我们还必须区别使命题有真实效用的技艺与发现客观真理的行为，后者是完全不同类型的"研究行动"（πραγματεια），是判断力、思考和经验的工作范围，也就没有固定的技艺存在；但前者却是辩证法的目的所在。人们曾将此种辩证法定义为假象逻辑学，但这显然是错误的；不然的话，这门辩证法就纯粹只有为错误命题做辩护的功用了。只要我们有理有据，就需要辩证法为自己辩争，必须识破敌人花言巧语的手段，从而击破之；我们常常也需要运用这些手段，以其人之道还治其人之身。是故，客观真理在该门辩证法学问里必须摆在一边，或当成无关紧要的东西；重要的却是，如何为自己的观点辩护以及如何推翻别人的观点。实际上，我们也不允许过多地考虑什么客观真理，因为绝大多数时真理究竟在何处都是未明的，我们自己常常也不清楚，我们是否有理有据；我们常常相信我们有理，却也常常迷失不相信，又常常两者都相信，因为"真理藏匿于深处"（εν βυθω η αληθεια，德谟克利特语）。一场争论开始的时候，通常人人都相信真理是站在自己这一边的，但随着争论的继续，双方都开始产生怀疑，直到辩论结束，才能最终使真理得见并证实。不过辩证法却不是这么回事，就像一位剑术大师，很少会顾及谁在一场对决的争锋中，真正是有理有据的；他所关心的内容只在乎接触与回避，正如用在辩证法中一般。辩证法便是精神的剑术，只不过只有当我们清楚无遗地领悟此道之后，辩证法才可以成为我们自有的准则。原因在于，我们若以纯粹的客观真理为目标，那么我们会回到纯粹的逻辑学上；若相反我们以错误的命题为目标，那么我们得到的便是智术。但两者都假定了一个前提，那就是似乎我们已经知晓了，什么是客观上正确的和错误的了；然而事实上很少有人会提前确认知道。对辩证法正确的描述应当是这样的：为在辩论中有理有据而出现的精神剑术，尽管论争技术这个名称似乎更恰当一些，但最正确的名字应当是论争辩证法（Dialectia eristica）。该门技术十分实用，新时代的人们毫无理由忽略不见。

　　辩证法在此种意义下，便应成为对那些由自然催发出来的各种技艺的描述，成为使之回归到体系和原则的总体概括。当世界上的大多数人察觉到，在一场争辩中真理已经不站在自己这一旁的时候，便会委身屈就于那些技艺，企图依然可以稳住自己的立场。正因如此，当人们在辩证法这门学问中还想要顾及客观真理并阐释清晰，就似乎成了一件与目的相悖的逆流了。在任何一门原始和自然的辩证法当中，都不可能允许这一点发生，因为辩证法的目的纯粹就是为了有理有据。在我们看来，辩证法这门学问主要的任务是确立并分析辩论中的各种技巧，从而使人们在实际的争辩中能迅速地识别这些技巧，并使之失效。也正因如此，我们在叙述话术时必须独立清晰地将"有理有据"作为最终的目标，而非客观真理。

尽管我已经巨细无遗地寻找过一遍，但我依然尚未清楚，是否有人已经在此领域贡献出了自己的成果，应该说这还是一块未被开垦过的土地。那么为了实现我们的目标，我们就似乎应当从经验中吸取能量，并且注意在日常经常发生的争辩中，这种或那种技巧在某方面或另一方面是如何被人运用的，进而将那些在这些形式中不断出现的辩论技巧，带回到普遍性的视角之下，从而可以确立普遍而确定的"技巧"（*Stratagemata*）。我们确立的辩论技巧，不仅可以发挥自己固有的功效，而且当对手使用这些手段时，也可以有效地挫败对手的企图。

论争术之基础

我们首先考察辩论的本质内容，也就是究竟在一场辩论中发生了什么。

辩论对手确立了一个辩题（或者我们自己确立了一个，不过这无关紧要），为了反驳对手的题目，我们有两种模式和两条道路。

1. 两种模式：a)"关乎事物"（*ad rem*），b)"关乎辩论者"（*ad hominem*），或者"指向承认"（*ex concessis*）。这便是说，我们要么证明对手的命题与事物的自然属性不相符，与绝对的客观真理相悖；要么证明该命题与对手其他的观点和已承认的内容相矛盾，即与相对的主观真理相悖。后者只能相对地证明对手的命题是错误的，而不能提供任何有关客观真理的内容。

2. 两条道路：a)直接反驳，b)间接反驳。直接反驳之路攻击辩题的原因根据部分，间接反驳之路攻击辩题的结果部分。直接反驳告诉我们，辩题不为真；而间接反驳告诉我们，辩题不能为真。

第一，在直接反驳中，我们可以有两种选择。要么证明对手观点的理由是错的："我否认大前提，或小前提"（*nego majorem*；*minorem*）；要么承认对手的理由，却证明他的观点不是从他的理由和根据中推导出来的："我否认由之推导出的结论"（*nego consequentiam*），也就是攻击由之衍生的后果，攻击结论的推导形式。

第二，在间接反驳中，我们需要使用扩展反驳法或原始反驳法。a)扩展反驳法：我们假定对手的命题是正确的，并且指出这样做的结果是什么。我们将该命题与另外任意一个公认正确的命题联在一起，使之成为一个结论的两个前提，从中得到一个推导结果。这一结果（显然）是错误的，因该结果要么与事物的自然属性，要么与对手的其他观点相背离；也就是要么在关乎事物，要么在关乎辩论者上是错误的（《大希庇阿篇》）。结果我们得出结论，对手提出的命题是错误的。因为从正确的前提中可以推导出的只有正确的结果，虽然从错误的前提中并不总是推导出错误的结论。b)原始反驳法"反例"（ενστασις, *exemplum in contrarium*）：反驳对手提出的具有普遍意义的命题，我们需直接证明，如果依照对手的言论解释某些个别事件，面对这些事件此一普遍命题却不再具有效力，那么说明命题本身就应是错误的。

此即为辩论的基本轮廓与骨架，也就是说，我们看到的是辩论的本体结构。因为所有的辩论行为基本上都可以还原到这上面，不过这样的辩论行为可以是真材实料的，也可以是似是而非的；可以是理论充分的，也可以是毫无凭据的。因此，人们想要获得一些确定的东西不是一件十分容易的事情，所以一些争辩会变得十分冗长，双方都顽固地争执不放。至于我们在此所写的指导原则，并不能将真实的与虚假的东西区分开来，因为如上所言，没有一样东西可以预先为争辩者确定知晓。是故，基于这一点，我给出了各种辩论技巧，却并未考虑到争辩者究竟是在主观上还是客观上占有理由与根据，何况此事也只有通过争论本身才能明确起来。另外还有一事，就是争论的双方无论是在辩论还是在提出论据时，必须就某些事情达成共识，以此为基本原则，对所提出的疑问进行判断；否则"若某人否认开宗明义之言，则无须与之争论"。

话术技巧一

扩展法，使对手的观点偏离其自然的界限，极尽可能地在普遍的层面上释义，在最为宽泛的意义上接受，并且夸大其论点；相反，在极尽可能狭窄的意义上，在极尽可能狭小的范围内组织自己的观点,因为提出的观点越宽泛,遭受的攻击就越多。对此反制的方法便是准确地确立自己的"争论点"(*puncti*)或是"争论聚焦处"(*status controversiae*)。

事例1　我说:"英国人是首屈一指擅长戏剧的民族。"对手则借用原始反驳法驳斥道:"众所周知,英国人似乎在音乐领域,当然也在歌剧领域毫无建树。"我则为了驱散对手的攻势,试图使对手记起:"音乐并不被认为是一种戏剧艺术,戏剧艺术仅指悲剧和喜剧艺术。"对此对手也是心知肚明的,只不过为了想方设法将我的观点放在更宽泛的层面上理解,便把所有与戏剧艺术有关的东西,包括音乐、歌剧都囊括进来,以期从容地将我击败。

当有需要时,为了表达自己的观点我们也可以反过来,忽略我们的初衷,通过缩小我们观点的范围解救自己的观点。

事例2　A说:"1814年的和平协定使所有的德意志汉萨城市重新获得了独立。"B则"举出反例"(*instantia in contrarium*),说但泽因为和平协定丧失了波拿巴曾给予他们的独立地位。A继续补救道:"我说的是所有的德意志汉萨城市,但泽曾是波兰的汉萨城市。"

亚里士多德在《工具论》Ⅷ,12,11中也提到了这一论争技术。

事例3　拉马克[9][《哲学动物学》(巴黎),第1卷第203页]曾说,珊瑚虫没有感觉,因为它们没有神经组织。但可以确定的是,珊瑚虫有感知能力。它们随着阳光的照射而摆动,机械地从枝端向枝端移动前进,追逐着自己的猎物。由此我们可以说,珊瑚虫的神经组织在全身的组织中,是在做有规律的运动,就好像消失了

一样,它们的感觉不必借助于分类的感官。这一情况推翻了拉马克的假设,于是拉马克狡辩说:

> 如此一来,珊瑚虫身体的所有部分都有了任意一种形式的感觉能力,也就是有了任意一种形式的运动能力,即意志力乃至思考能力。如此一来,珊瑚虫身上的任何一处都有最发达的动物的所有感官,身体上的任何一处都可以看,可以闻,可以发出味道,可以听,等等,甚至可以思考、判断和作出结论。如此一来,珊瑚虫身体中任何微小的一处都可以是一个成熟的动物生物了。珊瑚虫其实把人类都比下去了,因为人类在全部身体中才具有的各种能力,珊瑚虫身上任何一小块都具备了。进而根据人们针对珊瑚虫的说法,毫无理由不将之延伸到对单子的解释中,延伸到所有生物体中最完善的东西上,最后还会扩展到对植物的解释,以此类推。

拉马克使用的这一伎俩最后被一位作家揭穿了,他说拉马克自己其实已经默默地知道,他是站不住脚的。因为人们只不过是说:"珊瑚虫的全部身体只具有对阳光的感觉,在这一点上有类似神经的功能。"但拉马克却说珊瑚虫的整个身体都可以思考了。

话术技巧二

使用"同形异义"(Homonymie),把对手的观点延伸到除了字形相同之外,很少或几乎与争论毫无关系的东西上,然后鲜明地针对这一点反驳，却显得好像在针对对手原本的观点反驳一样。

注解 "同义异形"（*Synoyma*）指的是两个单词具有相同的意思，"同形异义"（*Homonyma*）指的是两个不同的概念却用同一个单词表义。参见亚里士多德的《工具论》I，13。"深"、"尖"、"高"既可以形容物体，也可以形容声音，这样的词便是"同形异义"。诚实和老实则是"同义异形"。

我们可以把这种话术技巧与智术在操弄同形异义的意义上，当成同一样东西，尽管擅长同形异义的智术严格说来并未骗倒我们，

> 所有的光都会熄灭，
> 知性也是一束光，
> 所有知性也会熄灭。

人们会马上察觉到这里有四个术语：实际意义上的"光"（lumen）和比喻意义上的"光"。但是随着辩论的推移，人们一定会被这样的一个技巧蒙骗，也就是说，当两个概念用同一个词语表达时，会彼此接近和相互换位。

事例 1[10]　A 说，您还来参透康德哲学的奥秘（Mysterien）；B 说，对于任何神秘的东西（Mysterien），我都不屑于知道。

事例 2　我批评所谓维护人类声誉[11]（Ehre）的原则，依据这一原则，人若被冒犯而没有了尊严，除非加倍地去冒犯对手，以此作为还击，或是用对手的血抑或自己的血洗刷；不然的话，便是不可思议的事情。我现在援引一个新的原则，我认为真正的声誉不

会因自己遭受的境遇而受到损害，只能完全是自己的行为使自己的声誉受到损害，因为不遂人意的事情遍地都是。但我的对手直接攻击我的根据，他明确地向我指出，如果一个商人在背后欺骗我，或是做出了不诚实的行为，又或是弄虚作假并对我污言秽语，这无疑是对这位商人声誉的打击。那么在这里受到损害的原因，只能是某人遭受了不义的对待，他只有对这样的恶毒攻击者实施惩罚，要求撤销诋毁，才能挽回自己的声誉。

该辩论者在这里将公民的声誉，也就是所谓"好名声"（中伤可以对之造成伤害）通过"同形异义"的手法，放到了法律概念"声誉"里，即所谓"冒犯可以对之造成伤害"（*point d'honneur*）。由于对第一种形态的声誉攻击不可以坐视不理，而应该公开反驳，捍卫自己的声誉；那么基于同样的理由，面对第二种形态的声誉打击也不可以坐视不理，而应以更加激烈的反击和决斗捍卫。总而言之，这里的手法就是通过同形异义的词语"声誉"把两件风马牛不相及的事情掺和在一起，也就是用"同形异义"完成"争论话题的转移"（*mutatio controversiae*）。

话术技巧三

某种程度上相对的（κατα τι）、"相对"成立的论点都可以当成普遍的、绝对的（*Simpliciter*、απλωs）、绝对的观点，或者至少在一个完全不同的关系中理解，然后再在这层意义上对之反驳[12]。亚里士多德举了一个例子，黑人是黑色的，但是黑人的牙齿又是白色的，所以黑人既是黑色的又是白色的；也就是说一个黑人既是黑色的,同时又不是黑色的。严格说起来,应当不会有人被亚里士多德这个虚构的例子欺骗,所以我从实际的经验中再找了一个例子。

事例1 在一次哲学研讨会上,我曾经承认,我的哲学体系为弃世绝尘者(Quietisten)辩护并赞成他们的行为。稍后黑格尔马上发言,我表示他的发言绝大部分都是在说废话,或者至少他文章中的许多地方,根本就是作者填词而读者附意。但我的反对者不是以关乎事物的方式反驳我,而是满足于用关乎辩论者(*argumentum ad hominem*)的方式发表看法,他们说,我对那些亦写下了不少废话的弃世绝尘者未加赞扬。

我承认这是事实,但是我请黑格尔注意到,我并不是把弃世绝尘者当成哲学家和作家大加赞赏;也就是说,不是因为他们的理论贡献而肯定他们,而是因为他们是行动者,因为他们的作为,我是在实际的层面上言说的。但黑格尔说的却是他们在理论上的贡献。我这样将他的攻击挡了回去。

首篇这三个话术技巧具有相似性,都有一个共同点,它们根本不顾及发言者的论点是如何提出的,而是围绕其他内容展开反驳。如果人们就此接受了这一事实,那么人们便会"对反证一窍不通"(*ignoratio elenchi*)——原因在于,在对手抛出所有的事例时,他所说的话其实都是正确的,与发言者的议题并没有实际的矛盾,只不过看上去矛盾罢了。如果遭攻击的一方否认对手的结论的后续结果,也就是从对手正确的命题上离开,站在我们自己的错误立场上否认对手的结论。这是以"对推论结论的争执"(*per negationem consequentuae*)的方式,直接反驳对手的反驳内容。

不承认正确的前提,因为人们已经预料到了结论。接下来出场的两种方法,也就是技巧四和技巧五的规则,正适用于反击此类做法。

话术技巧四

不要让对手预料到,我们会得出什么样的结论,而是掩人耳目地将论证的前提条件单个地和分散地给出。不然的话,在这场对话中,对手一定会想尽办法使出各种招数来。或者当对手开始怀疑我们的前提时,要向他抛出前提的各种前提,也就是一些前三段论(Prosyllogismen)命题,使更多这些前三段论的各种前提毫无规律地堆叠在一起,也就是掩盖其自己的意图,直到我们需要的一切都被对手承认了为止。切记要把讨论带离主题,此原则还可见参见亚里士多德的《工具论》(Ⅲ,1)。本章便不再累赘列举事例。

话术技巧五

如果对手未能给出正确的前提,要么是因为他没有发现正确的前提,要么就是因为他已经看到,我们为了证明自己的观点也可以提出错误的前提,而讨论会围绕着这个错误的前提展开。提出这些前提本身是错误的,但在关乎辩论者(adhominem)的意义上却是正确的,然后便以指向承认(exconcessis)的方式,以对手的思考方式据理力争。虽然从正确的前提中得不出错误的结论,但是从错误的前提中却可以得出正确的结论来。同样，为反驳对手错误的命题，我们也可以利用对手认为是正确的错误命题，因为这些错误命题都与对手的观点有联系，并且是用对手的思考方式获得的。例如，假设对手是某种教派的信奉者，那么我们可以把该教派的某些言语，当成"原则性的东西"（principia）向辩论对手展开攻击。参见亚里士多德的《工具论》Ⅷ，9。

话术技巧六

我们可以隐蔽地使用论点先定的方法，也就是说，把需要证明的东西，1.放到其他名称下，例如，不说声誉而提名声，不说贞操而提美德，诸如此类；也可以置换概念，例如不说脊椎动物而提红血动物。2.把某些特殊情况下有争议的东西，放到普遍的意义上谈论，例如，把医学知识中的不确定性说成是人类认知的不确定性。3.当两个东西"相反地"（vice versa）可以互相从对方那里推导出来，并且其中一个必须被证明出来时，则我们假定另一个东西（是成立的）。4.先必须证明普遍性的命题时，我们却不断抛出个别性的命题（正与第2点相反，参见亚里士多德的《工具论》Ⅷ、Ⅱ）。

亚里士多德的《工具论》最后一章中，包含了许多有关如何练习话术技巧的极佳规范。

话术技巧七

当一场辩论表面上很严肃地进行着，而人们又确定想清楚明白地理解对方的观点时,那么率先提出了观点而需证明的一方,可以以不断提问的方式反驳对方,从对手已经承认的内容中推导出结论,证明自己观点的正确性。这一提问(erotematisch)方法在古人中曾十分流行(也可以称作苏格拉底式的方法)。文中已经提到的某些技巧与后文交代的一些话术技巧,都与这一提问方法有关联(参见由亚里士多德整理的《智术的反驳》第 15 节),之所以每次都抛出一大堆的问题,并且尽可能绕着弯地提出问题,其目的是要隐藏自己真正想要承认的内容,相反要从对手已经承认的内容中,快速地提炼出自己的论据。因为若慢腾腾地等到完全领悟之后,便不能及时跟上辩论的节奏,并且还会忽略论证过程中存在的某些错误和漏洞。

话术技巧八

激怒对手,对手愤怒时不能再做出正确的判断,也不能善加利用自己的优势,为此我们可以直截了当地用不正当的手法,使用花言巧语,并且绝对要厚颜无耻,如此便可以激怒对手了。

话术技巧九

不要按正常的顺序提问,尽管从中推导出结论是必需的,取而代之,以各种方法混淆视听,从而对手无从知晓究竟我们的意图是什么,也就不能实施任何的防堵措施。视情况的需求,我们也可以继续利用对手的回答推导出各色不同的结论,甚至相互矛盾的结论。此话术与技巧四颇为相近，两者都要求伪装。

话术技巧十

当我们察觉到对手有意要否认的问题，恰巧又是我们需要肯定的，必须针对该问题的反面提问，而且装作要肯定的样子，或者至少把两者摊在他面前，要他选择。这样一来，对手就不会察觉到，究竟我们想要肯定的是哪一个了。

话术技巧十一

如果我们使用归纳法论辩，但支撑归纳活动的个别事物并不为对手承认，那么我绝不能询问对手，他是否认可由此类别事物中归纳总结出来的普遍真理，而是要在接下来的辩论中，直截了当地把此普遍真理当成已经被认可和承认的。因为有时候对手自己也会慢慢地相信，他已经认可了那些东西，并且同样的情形也会发生在听众那里。因为他们依然还记得，辩论中有许多问题是针对那些个别事物提出来的，这些事物在辩论中却被我们利用，实现自己的目的。

话术技巧十二

如果围绕一个没有特指名称的普遍概念展开了争论，而我们只能通过比喻描述这一概念的话，也必须选择对我们的观点有利的比喻。例如，在西班牙"卑躬屈膝党人"（serviles）和"自由党人"（liberales）是两个政党的名称，前者的名称无疑就是后者取的。基督教新教徒称自己是"抗议宗"（Protestanten），也用"福音派"（Evangelische）这一称号，但天主教徒却把他们统统叫做"Ketzer"（带有贬义，原指异教徒）。这一方法也适用于事物的名称，以求更好地描述它们的真实状况。比如，在辩论中当对手提出建议，讨论任意一个有关变化（Veränderug）的命题时，我们将之称为"革新"（Neuerung），因为这个词很容易遭人憎恨，但是当我们主动提出这个建议时，情况又要颠倒过来。在第一种情形下，我们把变化的反义词说成"不动的秩序"，但第二种情形下却是"弗兰肯酒瓶"[13]。一个人没有预设前提，并且不偏袒地把某些东西称作"文化习俗"或者"信仰理论"，但在另一个赞扬者的口中却是"虔诚"、"神灵"，在反对者口中又成了"矫揉造作"和"迷信"。从根本上说，这里涉及的还是一个论点先定的问题，人们把自己想要实现的东西先放在了词语当中，放在了称呼当中，然后又从这一称呼里借助一个纯粹的分析判断，得到原本就想要的。某人眼里"保护人身安全"、"强制保护"的东西，在其对手眼里竟成了"监禁"。一位演说者常常还在做开场白时，就暴露了自己的意图，我们只须看看他给各种事物起的名称。某个人说"僧侣"，别人却说"秃驴"。在所有话术技巧中，该项技巧使用得最为频繁，几乎可以说是人们本能式的反应。"信仰虔诚"＝"虚幻主义"，"失足"、"献媚"＝"通奸"，"模棱两可"＝"猥琐不堪"，"紊乱"＝"破产"，"依靠影响力和社会关系"＝"依靠贿赂和裙带关系"，"真挚的谢礼"＝"别有用心的收买"。

话术技巧十三

为了使辩论对手接受我们提出的命题，我们还必须同时提出与命题相反的意见，并让对手选择，然后非常大声地赞成他选择那一个与我们的初衷相左的意见。这样我们的对手为了不至于陷入悖理的境地，不得不倾向于选择我们原来的命题，看上去这一命题与前一命题完全对立。举例来说，对手说凡父亲所交代的都必须履行，那么我们问："人们是不是要在所有的事情上都对父母忠诚，还是不忠诚呢？"又或者，对手在任意一个议题上提及所谓的"常常"，那么我们要问，在这个"常常"[14]下我们所理解的东西，究竟是一些还是很多呢？他当然会回答："很多。"这就好像把灰色放到黑色旁边，灰色便成了白色；把灰色放到白色旁，灰色又成黑色了。

话术技巧十四

一个无耻的行径是，当我们提出了许多问题，而辩论对手也都做出了回答，但是却没有得到任何答案，这种情形有助于我们得到我们意图想要的结论时，就算我们没有得到希望得到的结论，也要依然装成我们已经证明出来了，并且大胆地迈出胜利的步伐。要是我们的对手胆小或愚蠢的话，我们只需要十分无耻地大声吆喝几声，这一招几乎百试不爽。这便是所谓"把死的说成是活的"（*fallacia non causae ut causae*）。

话术技巧十五

如果我们提出了一个自相矛盾的观点，而且在证明上一筹莫展，那么我们就应再向对手抛出任意一个正确的，但不很明晰的观点，对手可以接受又可以拒绝，我们只需摆出一副论证的架势即可。对手要是猜疑而拒绝这一观点，那么我们就用指出谬误（*ad absurdum*）的方式引诱他并战胜他；要是他接受了，那么我们就有一个被承认的理由捏在手里，然后再待时而发。又或者我们利用文中已经提及的那些话术技巧并宣称，已经化解了原有的矛盾。这是最卑劣的厚颜无耻，却是发生在日常经验生活中的事实。有一些人天生就熟稔于此道。

话术技巧十六

关乎辩论者（*Argumenta ad hominem*）或者指向承认（*ex concessis*）。我们必须留心对手的发言，然后看看对手的观点，是不是以某种方式，或在某种紧急的情况下，与他之前所说和承认的内容自相矛盾；或者与对手赞赏和肯定的学派或教派的言论相冲突；又或者是否与这些教派信奉者的行为相矛盾；又或者只是与那些伪装的和不虔诚的侍奉者相左，要不然就是与对手自己的行为相矛盾。例如，如果对手为自杀辩护，那么我们立马反驳道："为什么你不去上吊呢？"又例如，对手宣称柏林令人厌恶，那么我们立马反驳道："为什么你不赶紧搭上邮政快车，离开这里呢?"在这里,我们可以随便使出一种刁难手段驳斥对手。

话术技巧十七

假如辩论对手用举反例的方法不断向我们迫近,我们通常可以用区分的巧妙手法把自己救出来,也就是说,当我们讨论的东西有双重的含义,或者有双重的指向状况时,倘我们起初并没有认真考虑过这中间的区别,此时便可以使用区分的手法了。

话术技巧十八

如果我们察觉到对手把一个论据捏在手里打击我们,那么我们必须使之不能发生效用,不能让对手实现自己的意图。应当及时地打断辩论进程,跳出原来的范围,让辩论进程偏离原有的轨道,并将之带到其他问题上去。总而言之一句话,就是"转移论题"(*mutatio controversiae*)(参见话术技巧二十九)。

话术技巧十九

如果辩论对手逼迫我们表态,就对手所抛出的观点中的一个特定问题发表异议,而我们却毫无理由这么做;那么我们必须把这个问题全部转成具有普遍性意义的问题,然后再针对这个新的问题提出异议。虽然我们必须说明为什么某个物理学上的假设不可靠,但是我们却大谈人类知识的欺骗性,然后在各个层面上解释何以如此的原因。

话术技巧二十

如果我们已经询问了辩论对手什么是前提条件，并且对手也承认了这些条件，那么我们要做的只是把结论推导出来，不是继续提问下去，要顺势把结论推导出来。就算有时候，甚至还缺少这个或那个前提，我们也必须当作对手已经承认了，进而推出结论。这也是运用了"把死的说成是活的"技巧。

话术技巧二十一

假如我们看穿了对手的论据，知道该论据纯粹似是而非，而对手一味在狡辩，我们可以针对对手论据中晦涩难懂和似是而非的地方展开争论。更好的办法是，在对手面前提出一个似是而非和狡辩的反对论据，然后就此与对手继续讨论下去。因为辩论的目的不是为了追求真理，而是为了追求胜利。假如对手用关乎辩论者的方式提出一个论据，那么我们以指向承认的方式提出一个反对论据，使对手的论据失效。如果可能，我们还可以不用费时费力地针对事物的真正本质展开讨论，倒不如更省时地提出一个关乎辩论者的论据。

话术技巧二十二

假如辩论对手迫使我们承认一些东西，从中可以直接将所争执的问题引导出来,那么我们应用"论点在先"(*petitio principii*)的方法,拒绝承认那些东西。因为对手和听众都很容易把一个与问题相近的话题当成问题本身看待,这样我们就把对手最有力的论据拆掉了。

话术技巧二十三

矛盾与争论会夸大对手的观点。即是说我们可以通过运用辩论中产生的矛盾,刺激对手将本来在合适的界限内有效的正确观点,越过真理允许的范围而夸大;那么一旦我们反驳这种夸大的观点时,看上去我们把对手原本的命题一并驳倒了。但反过来说,我们也必须防止自己被矛盾牵引,夸大自己的观点或被诱导扩大了原来命题的范围。通常情况下,对手都会想办法直接把我们的观点内容尽可能地扩大,必须阻止对手这样干,必须把对手带回我们的观点界限内,我们要说:"这就是我所说的内容,除此无他。"

话术技巧二十四

虚构结论。根据对手的发言,通过错误的推导和偏移概念既有的内容,得出一些愚蠢与危险的命题。这些命题既不符合对手的发言,也不是对手的初衷意见,看上去又好像是从对手的发言中推出的结论。至于这样的结论,要么前后自相矛盾,要么与某些公认的真理相悖。该话术技巧涉及扩展反驳法(*apagoge*),也是具体运用了"把死的说成是活的"技巧。

话术技巧二十五[15]

在这种话术中,我们讨论的是"扩展反驳法"的方法。该方法通过"原始反驳法"和"反例"实现。归纳法要求先累积数量庞大的具体事例,从中得到一个普遍性的命题。扩展反驳法则只需要提出一个具体的事例,只要该事例与已经得到的命题不相符,即可将该命题推翻。这种方法也叫做举反例。举例来说,存在这样一个命题:"所有的反刍动物都是有角的",为推翻这个命题我们可以举一个骆驼的反例。所谓原始反驳法也就是对普遍真理的具体运用,证明某些东西虽可以被归结到该普遍真理所属的大概念之下,但实际上该普遍真理在此处却没有任何的效力,从而可以将该普遍真理彻底推翻。不过,这一方法也可以行骗,所以当对手也在使用原始反驳法时,我们要注意以下几个事项:1.对手举出的事例在实际层面上是否正确,因为有些问题的唯一解决方法,会归结到某个不真实的具体事件上,比如,归结到许多所谓神迹和鬼怪作祟,等等;2.对手举出的事例是否真的从属于某普遍真理的概念之下,因为对手列举出来的事例通常都是似是而非的,只有通过敏锐的辨别才能识破;3.对手举出的事例是否真的与某个普遍真理相矛盾,因为这样的事例通常是似是而非的。

话术技巧二十六

一个卓越的技巧是"以己之矛攻己之盾"(restorsio argumenti),

一个为对手所用的论据，也可以用来更有力地反驳对手。例如，当
对手说"我们应当做对孩子有益的事情"——以己之矛攻己之
盾——"正因为他们是孩子，我们必须对他们严加管教，杜绝他们
染上恶习。"

话术技巧二十七

如果我们抛出一个论据，足以让对手超出我们想象般地变得
令人可憎，那么我们就必须在这个论据上多加笔墨。这不仅仅是
因为这一论据足以令对手发狂，而且因为我们可以据此猜测到，对
手思维过程中的弱点已经为我们知悉，比起通过自己的努力驳斥
他，不如就在这一点上多多地指摘我们的对手。

话术技巧二十八

当学识渊博之人面对一帮不学无术的听众而与人争辩时，大
可使用这种技巧。即当我们既不能用关乎事物的方法，也不能用
关乎辩论者的方法时，就用"针对听众"（ad auditores）的方法。也
就是说，我们抛出一个无效的反对意见，但是只有内行人才能发觉
该反对意见是无效的；或许对手是这样的一个内行，但听众却不
是，在听众的眼里对手遭到了我们的沉重打击，尤其当我们同时还
把听众逗笑了的时候。听众会毫不犹豫地发出笑声，而当他们发
笑时也就站到了我们一边。对手必须通过长时间的争辩才能向听
众们证明，我们的指摘是不实的，而且还必须回溯到科学的各种原

则上，或是借助其他一些机会才可以说服听众。但是就算如此，对手也很难指望可以赢回多少听众的赞同。

举例来说，对手宣称在形成原始山脉的时候，达到一定温度时某些物质融化，从这些融化的物质中，花岗岩和其他所有的原始山脉可以由液体凝结而成。这一温度必须保持在兰氏 200 度左右，因为由此覆盖在海平面下的物质才能产生凝结作用。——我们用"针对听众"的方法反驳对手，但是海水恐怕早在 80 度时就煮沸了，早就上升到空气里成水蒸气了。——听众们笑了。对手为了回击我们就不得不解释说，沸点不仅受到热量温度的制约，同时还与压力以及大气压力有莫大的关联。所以就算有一半的海水其实都是以水蒸气的状态存在的，海水的沸点依然是非常高的。是故，在兰氏 200 度的时候，也不会蒸干海水。——然而他的方法不会奏效，因为他在向物理学一窍不通的人解释一篇学术研究报告。

话术技巧二十九

假如我们察觉到即将遭受对手的攻击，那么可以采取佯攻转移的方法，即迅速地就一个完全不相干的话题展开讨论，但是做得好像是在讨论一个与之有关的问题，好像自己又提出了一个反驳对手的论据似的。我们可以小心谨慎地让佯攻转移行为好像还与"争论的话题对象"（*thema quaestionis*）有关，也可以厚颜无耻地讨论与之毫不相干的事情，就是为了攻击对手。

比如，我赞扬中国没有世袭贵族，政府职位依据考试的结果分配。但我的对手却说，在有能力成为官员这件事情上，学问和出身背景一样,都只有少量的优势(也就是说,某人可以从中得到的东西)。——现在开始偏离主题,对手立即开始佯攻转移的行动,他说在中国所有阶层的人都会遭受笞刑的惩罚,他认为这是与中国人普遍饮茶的事实有某种关联,然后他对两者都提出了批评。——就此,谁若是不管对手提什么都开始与之辩驳,那么他已经被对手带偏了主题,然后把本已到手的胜利拱手相让。

厚颜无耻的做法是,完全彻底地抛弃原来的话题对象,然后故意抬举对方说"是的,您说出了一些非常新颖的内容",等等。某种程度上这便是所谓的"含沙射影",上一篇的话术技巧也是在谈论这个问题。准确地说,这一行为是介于"关乎辩论者人品"(*argumentum ad personam*)和关乎辩论者之间的过渡阶段。

在人群之间爆发的每一次口角差不多都在告诉我们,这种话术技巧是人们多么与生俱来的能力。当辩论的一方指责另一方的人格时,被指责的一方不应当还是用反驳回应,而是应当还以人格攻击。前者向后者发起的人格攻击,后者一并还给他,以其人之道还治其人之身。就像西庇阿不是在意大利,而是在非洲对腓尼基人展开攻势。这样的偏移手法或许在战争中因时事需要而大有可为,但运用在一般的口角中却非常糟糕。因为我们互相丢给对方责难,在听众的耳里听到的全是关于双方的糟糕事迹。所以辩论时最好只在"紧急情况下"(*faute de mieux*)使用这种话术。

话术技巧三十

"使人产生敬畏之心的证据"(*Argumentum adverecundiam*)。

与其费时举出根据不如依据辩论对手的知识水平,搬出权威为自
己说话。

　　塞内卡说:

　　　　人人都宁愿相信一件东西,而不情愿自己判断。

——《论幸福的生活》,I, 4

要是我们手头上有一个为对手所佩服的权威内容,那么玩弄这场
辩论游戏便容易多了。对手的知识水平能力越低,我们越能找到
更多有用的权威内容。若对手在这方面有一流的水准,那么对他
而言就几乎很少,甚至可以说没有什么权威存在;但在对手知之甚
少或一窍不通的科学、艺术与手工制作领域,毫无疑问,他是信赖
专业人士与权威的;当然也可能毫无信任可言。不过就一般大众
而言,他们对任何某个领域的专家都抱有强烈的信赖感,其实他们
并不知道,若某人是某件事物的专家,他并不是很喜欢这东西,倒
不如说他是在挣钱生活;同样地,若某人去教授他人某样东西,则
此人很少有可能真正对之有所领悟,因为谁若真正领悟,恐怕已经
无暇顾及教授别人了。然而"大众"(Vulgus)却对很多权威都有
敬意,要是他们有时完全找不到合适的权威,也会干脆接受一个看
上去还凑合的权威。接着大胆引证说,某位权威人士在另外一层
意义上,或在另外的范围内说过什么。最有杀伤力的武器是辩论
对手毫无认知的权威内容。不学无术之人尤其对希腊式和拉丁式
的空话怀着发自内心的尊崇。但是就算情况紧急,我们也不要纯
粹只是通过歪曲权威应付对手,而是要准确地粉饰权威,或者引用

完全从自己经验中得来的权威内容。要知道辩论对手也不会总是手里捧着本书，检查究竟我们说了什么；也不会总是明白我们所说的是什么。法国人屈雷为我们做出了最好的示范，他为了不像其他人那样，在自己的家门口铺设一条道路，引用了《圣经》上的一段话：

> 他们若想抖动，我却纹丝不动。[16]

屈雷的话居然成功地说服了当地的领导者。有时候，普遍存在的偏见也可以当作权威。因为多数人所想的诚如亚里士多德所说，

> 多数人以为正确的东西，我们说便是正确的。
> ——亚里士多德：《尼各马可伦理学》

是的，只要人们事后相信某些东西是可以普遍接受的，那么就不会有什么愚蠢的想法不可以成为大众自己的想法。某些示范对人的想法的影响，恰如对人的行为的影响。大众就如羔羊，跟着领头羊亦步亦趋，但要他们思考却比死还要难。不过非常奇怪的是，就算有些人其实完全有能力自己观察，人们是怎样完全没有判断，只是照着别人的示范就接受了某些想法。但是一个普遍为人接受的想法，依然在他们心目中占有极其巨大的分量。他们就是不去看，因为他们还缺少自我认识的能力，只有出类拔萃的人才会引用柏拉图的话"千人千虑"（《共和国》IX，576c）。这便是说，大众的头脑中有太多愚蠢的想法，谁若想都顾忌，恐怕永无尽头。

严格说来，一个意见的普遍性并不是一个证明，也不会是什么有关该意见正确与否的概然性根据。那些在此宣称普遍性的人必须同时设定：1.普遍性随着时间的推移，其证明效力会逐渐减弱，否则过去那些曾被称为真理普遍性的谬误，又会重新卷土重来。比如托勒密的体系学说，或者天主教思想在所有新教国家中死灰复燃。2.随着空间的位移该普遍性所承载之物应为同一个，否则佛教徒、基督教徒和伊斯兰教徒眼中所认同的意见普遍性，会陷入非常尴尬的境地。（参见边沁的《立法理论》，1816 年，日内瓦—巴黎版，第 2 卷，第 76 页）

所以人们口中所称的意见普遍性，明白地说，就是两个或三个人之间的意见总和。由此当我们注意到这样一个所谓意见普遍性正在形成时，还要说服自己相信这就是所谓的意见普遍性及其展开方式。尔后我们便会发觉，持该项意见的两个或三个人都是这样的一群人，他们首先假设一些东西或提出一些论点来，然后公之于众。而一般大众又对他们的观点非常信服，以至于相信，那些人似乎已经彻底从根源上检查了所公布的内容，基于对那些人优秀才干先入为主的看法；又有另外一批人提出与前一批人几乎相近的主张；再然后又有第三批人对第二批人的意见深信不疑。人类的惰性使得人们与其费时费力地检验别人的意见，不如直接相信来得快。是故，懒惰和没有主见的信奉者的数量日复一日越增越多，一旦某个意见一开始就赢得了相当数量的支持者为自己辩护，那么后来者会想当然地认为，该意见之所以获得那么多的支持，就是因为其立论根据有很大的说服力。对于剩下的异议者，找到具有普遍性内容的东西就显得很紧迫了，还要急迫地使觅得的普遍性内容发挥出自己的效力来。不然，他们就难免头脑发热，对各种具有普遍效力的意见统统抱有敌意，变成了愤世嫉俗者，自以为比世界上其他所有人都要聪明。因为现在赞成某些意见已经变成义务了。少数还有能力思考与判断的人也被迫沉默，而能大声说话的那些人完全没有能力有自己的意见和判断，他们只是他者想法的回声壁，因此也是他者意见更激进的辩护者，更无法容忍其他异端。这些无能之人憎恶异议者，不只在于他们有异样的意见，他们居然袒护和信奉这样的异端；更在于他们胆敢自己思考判断，这是无能之人绝不能够接受的，可是却又在私底下隐隐约约地意识到了什么。简而言之，能思考的人是少数，但所有人都有意见；他们不提出自己的意见，所以除了完全从别人那里捡现成的以外，还有什么别的可能吗？既然如此，那千百万的人何必还要发出声音呢？就如同一桩历史事件，我们可以在成百上千的历史记录中找到关于此历史事件的描述，但是对这一历史事件的描述也向我们指出，历史编撰者们所有写出的东西全都变成了一个样子，也就是他们把所有的内容都归结到某个人所说的话上（参见培尔[17]的《众说纷纭论彗星》），

我说是，

你也说是，

到最后所有人都说是：

三人成虎。[18]

所以更不要说与头脑简单的一般民众辩论时，我们完全可以

把流行的意见当成权威。当两个头脑简单的人相互争吵时，我们一定会发现，最常见的情形是他们都挑选权威当武器，用权威互相敲击。如果辩论双方中更聪明的一方不得不这么做，那么最值得推荐的方法是，依据对方暴露出的弱点程度，选择自己不得不使用的权威利器。因为若是对手反击这件理据充分的武器，他便"恍如"（*ex hypothesi*）听话的齐格弗里德[19]，一头栽进了洪水里，既无能力思考也无能力判断。

　　法庭上展开的辩论根本就是有关权威的辩论，是针对已颁行的法律条文权威的辩论，而判断力的作用就是找到法律条文。也就是说，找到能在现时情形下运用的权威内容。话术在法庭上有足够的施展空间，我们只须瞅瞅，人们在需要的时候，如何把本不适用的判例和法律条文颠倒过来，让人们认为是可以适用的，或者说反过来把适用的变成不适用。

话术技巧三十一

　　一旦我们不知道该用什么反驳辩论对手抛出的理由时，我们可以用一个漂亮的讽刺掩盖我们的无知："您刚才所说的已经超出了我微弱的理解力所能承受的范围，也许您所说的是非常正确的，但我却不能领悟其一二，也不能做出什么判断来。"我们由此让听众也产生了狐疑，因为在他们的眼中，似乎此时我们的声势很高，而对手的观点似乎是没有根据的。所以当《纯粹理性批判》问世的时候，正是基于同样的缘由，或者更准确地说，是在该书开始赢得赞誉的时候，许多旧折中学派的教授们纷纷表示"我们看不懂这书说了什么",并且以为他们这样就已经把《纯粹理性批判》轻蔑地丢在一旁了。

只有当我们有绝对把握在听众中有比对手更高的声望时,才可以动用这种话术技巧。比如,一位教授与一个学生辩论。事实上,该技巧也可以归结到话术技巧三十,是对自我权威的一个塑造,只不过不用铺陈各种理由,而用极其卑劣的手法实现。反击此话术技巧的措施是:"如果您允许自己透彻地理解我的意思,那么对您来说,我的话其实是非常好懂的,我想只有一种可能,即我糟糕的表达阻碍了您的理解。"如此一来,我们就提前把对手的嘴堵上了,使对手"愿不愿意"(*nolens volens*)都要认真理会我们说的是什么,并且清楚地告诉众人,对手先前的确只是没有能够理会而已。——以牙还牙,若对手想要抢先把我们的内容轻蔑地称为"无根据"的东西,我们则只须证明对手"无能力领会"。双方可以如此礼尚往来。

话术技巧三十二

我们可以用一个简便的方法就把对手针锋相对的观点一扫而空,或者至少使人对之产生怀疑,那便是把对手的观点放到某个令人憎恶的范畴底下,就算对手的观点只是与这个范畴有着某种程度的相似性,或者说根本只是略微有点联系。比如,我们指责说,对手的观点"是摩尼教的,是阿里安教派的,是柏拉纠派的,是理念主义的,是斯宾诺莎主义的,是泛神论的,是无神论的,是理性主义的,是自然主义的,是精神主义的,是神秘主义的,等等",从而我们也就假定了两个条件：1.对手的观点与某个范畴是一致的，或者至少其内容包含在该范畴内；然后我们大声说道："啊！是的，我们早就知道这点！"2.该范畴早就成了别人攻击的靶子，而且人们已经认为该范畴内没有一句真话。

话术技巧三十三

"理论上正确，实践上错误"——我们用这一诡辩伎俩承认了原因，却否定了结果；其实与"从原因到结果必有结论产生"的原则处于矛盾之中。这样的发言潜藏着某种不可能性，因为根据这样的发言，便是要求在理论中正确的，在实践中也要正确。如若不然，理论本身就是错误的。只要在实践过程中有任何东西忽略了，或是有考虑不周的地方，那么其理论也自然是错误的。

话术技巧三十四

当辩论对手针对我们的问题和抛出的论据，没有给出任何直接的回答，或是作出任何直接的表态，而是提出了一个反问；或者间接地给出了一个答案；又或者干脆回避了与话题有关的内容，王顾左右而言他，这便是一个强烈的信号，我们（有时候甚至不需要再去证明）已经打到了对手的软肋上。站在对手的角度看，间接回答相对地就是沉默了。所以我们还要在由我们引发的局势上再添一把火，不能让对手从弱点上挣脱出来，直到我们真正地再也看不见对手在这里所暴露出来的弱点为止。

话术技巧三十五

在该话术技巧（只要在其有用的范围内）面前，其他所有的话术技巧都可以变得无足轻重了，但它讲究的不是将智力上的各种根据逐一罗列出来，而是要瓦解发源于对手意志处的动力，不管是辩论对手还是听众（只要听众和辩论对手有相同的旨趣），都因此为我们所用，而且他们会像是刚从疯人院里放出来一样[20]。因为很多时候，一罗特[21]的意志要比一公担的看法与深思熟虑重得多。当然了，上述情形只能发生在某些特定情况之下。如果我们能够把对手的情绪调动起来，就算他的意见本该是有凭有据的，也能使之与其本有的旨趣产生明显的断裂。如此一来，在对手眼里自己的初衷很快倒成了烫手的烙铁了，是他从来没碰过的烫手山芋。好比一位神职人员为某种哲学信条辩护，人们应设法使他感觉到，该哲学信条间接地与其教派中的某一项基本信条相矛盾，那么这位神职人员便会马上变成如上所说的那副模样。

一位庄园主大谈英国机械制造的好处，他说在英国一台蒸汽机可抵许多人工。人们应设法使他知道，不久车辆也可以通过蒸汽机驱动，那么他的饲马场里喂养的数不清的马匹，很快都会不值钱——我们完全可以想见接下来会发生什么。在上述列举的事件中，我们大致上可以这样形容某个辩论对手此时此刻的感受：

确立一种可以反对我们自己的原则,是多么愚蠢的一件事。

——贺拉斯:《讽刺》

同理,当听众和我们属于某个共同的派别、组织、社团和俱乐部时,辩论对手却被排除在外,也会发生上述情形。或许辩论对手的理论是非常正确的,但只要我们指出,其理论与上述某个组织的共同旨趣相背离;那么即便辩论对手提出了强有力的论据,在听众的耳朵里也是孱弱与不堪的。我们的论据却相反,即便是凭空捏造的,在听众的眼里也是正确和出色的,此时唱诗班为我们颂起歌谣来,而辩论对手自惭形秽把自己的位子腾出来让位我们。在与我们同一派别的人看来,凡是对我们不利的东西,我们凭借智力都将之扫入荒谬的范畴。

知性不是干燥不耗灯油而可燃烧的灯光,倒不如说知性所接受的是从意志和激情的源泉里流淌出来的一条支流。

——培根:《新工具》

我们还可以这样形容,这一话术技巧"抓住了树的根",换个大众容易接受的说法,就是"有用论据"(*argumentum ab utili*)。

话术技巧三十六

用喋喋不休说个不停的手法,迷惑我们的辩论对手,使之惊慌失措。这一话术技巧的基础,其实是人们习惯于当他们听别人滔滔不绝时,想当然地相信别人的话里,本来就应该有一些东西是通过深思熟虑得来的。

> 庸人们相信,他们听到的什么,
> 一定是通过一番思索得来的。
>
> ——歌德:《浮士德》

当我们的辩论对手已经默默地察觉到了自己的弱点,当他习惯了去听一些他听不懂的东西,却要做得好像是已经懂了似的,那么我们可以在他面前搬出一段听上去很深刻与深奥的瞎话,对此他从来没听过,没看过,也没有想过,我们却一本正经地继续瞎扯,然后说这是针对我们的观点最无可反驳的证明,如此我们便给辩论对手造成了巨大的心理影响。面对新时代的德国读者,某些著名的哲学家非常擅用此话术技巧。至于具体事例,请读者们参阅高登史密斯[22]的《威柯菲德的牧师》,因为"罗列事例实令人讨厌"(*exempla odiosa*)。

话术技巧三十七

当辩论对手在某件事上占据了理由,但是(对我们而言)很幸运地,对手为自己的话题挑选了一个非常糟糕的证据,而且看上去我们可以很容易就把对手提出的这个证明驳倒。不过,我们却要说已经把对手的论题彻底驳倒了。事实上这一手法可以归结到一点,也就是说,我们把关乎事物当成关乎辩论者来用。如果辩论对手和当事人没有得到任何正确证据的帮助,那么我们便可以宣布获得胜利。比如,当某人为证明上帝的存在找到了一个本体论式的证据,但是该证据却极易被人反驳。笨拙的律师往往败在能轻松获胜的案件上,可以很形象地形容此一话术技巧的运用,因为笨拙的律师本想要引用法条为自己辩护,最后找到的却是风马牛不相及,而适当的法条却又怎么也想不到。

话术技巧终篇

当辩论对手已经占据了优势,而我们即将站不住脚的时候,有人说,可以在人格上攻击对手,冒犯他,用污言秽语诋毁他。所谓的人格攻击,其实指的是从争论的对象转移到争论者身上(因为我们已经失败了),以任何一种方式对对手的人格进行攻击:但为了与关乎辩论者相区别,我们或许可以称为关乎人格(*argumentum ad personam*),也就是离开纯粹客观的争论对象,集中焦点与辩论对手就某个话题——究竟已经说了什么或者已经承认了什么内容来辩论。要进行人格攻击,就要完全把辩论话题放到一边,集中力量攻击对手的人格;要使对手感觉受辱,我们要变得阴险,要冒犯对手,要变得粗鲁不堪。这一技巧的要求是从精神的力量返归到肉体的力量,或者返归到动物性上。该话术原则非常地流行,几乎每个人都善于使用并常常付诸实践。只是我们要问,是否还有针对此一话术技巧的反制措施吗? 因为一旦某人决定动用上述原则,其结果往往会以相互殴打、决斗,或者污辱对骂收场。

但是，当我们表示现在的情势对我们足够有利，不需要攻击对手的人格时，或许我们也会非常困惑。因为当我们完全冷静地向某人指出，他的立场是站不住脚的，也就是说他的判断和思考是错误的（任何一场辩论中胜利都应是这样取得的），但比起用粗鲁与冒犯性的言语，这一做法会更容易激怒对手，为什么？因为诚如霍布斯在《论公民》中所言：

> 所有内心的欢愉与所有的欢乐，其实建立在与人的对比之上，也就是我们和别人相比自觉高人一等。

对人类而言，没有什么欢乐会高过虚荣心的满足，也没有什么伤害比虚荣心遭受打击时更痛。（俗话说，荣誉胜于生命），虚荣心的满足根本上来自自我与他人的对比，建立在一种人与人的相互关系之上，但首先建立在精神的相互关系之上。辩论进行时，对虚荣心满足的要求尤其显著与强烈，当辩论的失败者恼羞成怒时，他不仅不会接受其立场是站不住脚的事实，反倒会紧紧抓住最后可供支配的诡辩伎俩，也就是这最后的话术技巧不放，即使我们极尽可能地试图以理服人，也不可能令对手放弃。有时候冷酷无情反而能有帮助，也就是一旦辩论对手发动人身攻击，我们需要冷静地回应，但回应的内容并不与辩论话题相关，而是以话题为根据继续向对手证明，他的理由依然是站不住脚的，不用在乎对手的冒犯性言语，就好像特米斯托克利[23]对欧里比亚德斯[24]说：

> 你可以打我，但要听我说话！

但是否所有人都具有这样的本领。

　　其实亚里士多德在《工具论》最后一章里,已经提供给我们一个唯一有效的反制原则:选择辩论对手的首要原则并不在于要选择与最优秀的人争论,而是要选择与那些我们知根知底的人争辩;因为我们已经知道那些人有足够的知性领悟力,完全不会说一些荒唐无稽的事情,然后又因此感到羞愧,我们所熟知的人更愿意用说理的方式辩论,不会动用什么最高裁判权,他们更愿意倾听别人的理由并且虚心接受。总而言之,就是说,他们热爱真理,乐意倾听别人提出的正确理由,并且品格足够端正;当真理站在另外一边的时候,也能坦然接受自己的理由站不住脚的事实。不过我们也由此可知,真正有价值与之辩论的人,在这世上恐怕是百里无一。至于说别的那些人,如果他们乐意的话,就任由其大放厥词吧;因为"不理会别人亦是人权",我们还可以回忆一下伏尔泰说过的话:

　　　　和平比之真理更有价值。

阿拉伯人也有一句谚语:

　　　　沉默的树上结出和平的果实。

　　辩论是头脑之间的相互摩擦与碰撞,使对立的双方都受益,既使别人知晓了自己的想法,又催生出了新的观点。只不过辩论的双方都应在知识水平与精神力上几乎处于同一水准才行。如果一方缺乏前者,则辩论者不能领会所有须领会的东西,也就是没有

"处在同一水平上"（*au niveau*）。如果一方缺乏后者，则由之催生出来的屈辱感，会诱使辩论者变得很不诚实，开始玩弄各种花招，或是以粗言秽语回敬对方。

在"庄严郑重的辩论与对学术地位的追求"之间并没有本质的区别。只不过在后一种情形下，要求辩驳者面对其辩论对手要时刻保持有充分的理据，并因而在必要时提醒帮助辩论对手——在后一种情形下，辩论者更形式化地表达自己的观点，也就是更乐于以严谨的推论形式装点自己的论证。

附　录

I

自古以来逻辑（Logik）和辩证法（Dialektik）就被当成同义词，尽管思考、考虑、计算（λογιζεσθαι）和熟虑（διαλεγεσθαι）、言说是两个截然不同的东西。柏拉图首次用到了*辩证法*的名称（δίαλεκτικη, διαλεκτικη πραγματεια，辩证式的行为）（据第欧根尼、拉尔修所言），我们发现在《斐多》、《智术》和《理想国》第七卷诸篇中，柏拉图把辩证法理解成对理性有规律的使用，是自我的锤炼。亚里士多德为话术、辩证法（τα διαλεκτικα）取了同样的意思，但是亚里士多德（根据洛伦佐[25]的说法）也首先在这样的意思上使用逻辑（λογικη）这个词。我们在亚里士多德的著作中可以找到诸如"逻辑诘难根本就是吹毛求疵"（λογικας δυσχερειας *i.e. argutias*）、"逻辑前提"（προτασιν λογικην）、"逻辑疑难"（αποριαν λογικην）这样的表达。——这样看来，辩证法一词似乎应早于逻辑一词。西塞

罗和昆体良（Quintilian）对辩证法和逻辑这两个名词的使用也都
是在这样普遍的意义上。西塞罗说：

> 辩证法就像是在真与假之间做仲裁的女神。
>
> 斯多亚派小心翼翼地遵循着判断的各种方法，借助一种
> 科学，一门被称为辩证法的科学。
>
> ——西塞罗：《工具》第 2 章

昆体良说：

> 是故，这辩证法的一部分，或者我们更愿意说成是辩论技
> 术……

辩论技术在他看来就是辩证法（διαλεκτικη）的拉丁语同义词（还可
以参见彼得吕斯·拉米斯的[26]《辩证法》）。中世纪的人们也把逻
辑和辩证法当成同义词使用，到今天也是如此。不过在我们的新
时代，因为康德我们拥有了些不一样的东西，在康德那里"辩证法"
更多时候被当成"智术上的辩论技术"，名声很坏。不过康德使"逻
辑"这一称谓发生了形变，他认为"逻辑"是无罪的。但是从源头上
说，两者所表达的意思仍然是一致的，所以近些年又有人把它们当
成同义词。

II

很遗憾，从古典时代起辩证法和逻辑就被当成同义词，而且也

没能依照我的意思,把两者的意义区分开来。尽管我很想把逻辑〔从思考、思虑(λογιζεσθαι)得来,从词语(λογos)、理性而生发出来,两者其实不可分割来看〕定义成"思考法则的科学,即意味着理性的运行方式",把辩证法〔从熟虑(διαλεγεσθαι)、言说得来,每一次言说要么告诉我有关具体事物的一些内容,要么就是发表一些意见;也就是说,是历史性的、商讨性的〕定义成"辩论的技艺"。一般说来,逻辑会有一个先天的、不掺杂经验杂质的特定对象,也就是思考的法则;理性(λòyos)的运作方式,理性放任思考而不加干扰的法则,在一个理性生物的单独思考之中(应当说不会被任何其他事物所迷惑),理性遵循着思考的法则。相反,辩证法却要处理两个理性生物的共同事物,当然这两个理性生物本可以一起共同思考,一旦他们不像两台同时摆动的钟表那样,继续处于和谐的状态,辩论就会出场;也就是说,一场思想间的斗争便会因此爆发。作为纯粹理性的生物,两个个体本应该和谐共处,但是个体间本质性的差异产生了偏差,也就是一个经验性的因素(起了作用)。逻辑,关于思考的科学,也即纯粹理性的运行方式,本应以纯粹先天的方式建立;辩证法大部分时候是后天的,源自对思考阻断情况的经验认识,也就是当两个理性生物的共同思考活动被个体的差异打断时,对纯粹思考活动阻断状况的认识;也源自对理性个体所使用的各种方法的经验认识,个体使用这些方法反驳别人,促使自己的想法变成纯粹客观的正确想法。当人类处在集体思考的状态时,熟虑,也就是相互交换意见时(有关历史的交谈排除在外),A 发现,B 有关同一个认识对象的想法与自己的想法不同,则 A 不会先来校正自己的思想以找到其中的错误；而是首先假定了别人的想法里有错误——这是人类的自然本性。也就是说，人类认为自己天生就是有理有据的。从人类的这一本性衍生出来的学问，我很想称为辩证法；然而为了避免别人的误会，我也愿称为"论争术"[27]。论争术研究如何使人类自然地成为有理有据的一方。

注释

[1]　根据 *Schopenhauer Die Kunst*，*Recht zu behalten* 一书节译。
《论争术》(eristische Dialektik)选自叔本华的遗稿，是叔本华少数专门讨论逻辑与思辨的文章。该篇曾在其逝世后相继出版过，1995 年 Volpi 以《说话的艺术》为标题将《论争术》再次出版，并附上了最新的研究成果，该书旋即引起了人们对叔本华逻辑思想的极大兴趣。这次翻译除了《论争术》外还将《附录和补遗》第 2 卷中的《逻辑与辩证法》一并翻译出来，后者是对论争术思考的基本介绍。《逻辑与辩证法》和《论争术》都有可能是叔本华未完成的逻辑学思考的一部分，目前仍有待深入发掘。

论争术，顾名思义，也就是如何与人争论的艺术，如果完全按照字面的意思翻译，应该是"论争式的辩证法"。Eristisch 这个形容词从 Eristik 而来，在古希腊文中指的是论争技术/技术(εριστικη τεχνη)，其名词形式则为 ερις，意为争论、争执、争斗，等等；同时该词的大写形式 Ερις 指的是不和女神、争执女神厄里斯；Dialektik 则出自古希腊文 διαλεκτικη，意为辩论的技术，我们一般也将这个词翻译成"辩证法"。关于"辩证法"，读者还可以参阅《论争术》附录中叔本华的解释。

译者认为，如果直接将 eristische Dialektik 译为"论争式的辩证法"，虽然从字面对应的角度来说完全无误，但似乎没有"论争术"显得清晰明白，因为叔本华在该篇中想要说的仅仅是关于 Eristik 的思考，并没有花很大的篇幅专门讨论"辩证法"的问题，所以译者将后者隐去译为"论争术"。

叔本华在《论争术》中一共给出了 37 条论争技巧，撇开论争术是否要为探究真理做出贡献这一要求不论，叔本华给出这些技巧，同样具有很强的实用价值。比如，可以帮助我们更好地面对辩论组织话语，洞悉辩论对手的伎俩，等等。——译者注

[2]　古人常常将逻辑与辩证法当成同义词来用，今人亦如此。——叔本华原注

［3］　论争似乎是一个听起来比较艰涩的词语——亚里士多德(参考第欧根尼·拉尔修的《哲人言行录》第5卷)把雄辩术与辩证法放在了一起,因为两者的目的都是为了言说某事(το πιθανον),从而亚里士多德也就将分析法和哲学放到了一起,因为两者的目的也都是为了获取真理。——"辩证法是言语(逻各斯)的技术,通过这门技术,我们反驳某些事物或提出相关证明,当然也要借助对话者一问一答的形式。"(参见第欧根尼·拉尔修《哲人言行录》第3卷《柏拉图传》)亚里士多德区分了:1.把逻辑或分析法,当成导向正确结论与确信结果的理论与指导原则。2.辩证法,或者作为正确结论抑或当下正确结论的指导原则(ενδοξα, probabilia,亚里士多德《工具论》之《论辩篇》第1章,Ⅰ和Ⅰ,2处),尽管不能就此确定这些结论是错误的,同样也不能确定这些结论就(就其本身而言)是正确的,因为此时尚未能得到明确的结果。但是无论人们实际上有没有正当性,与获取正当性的技术又有什么关系呢? 如此说来,追求真理幌子的技术是不关心具体事实的,所以正如开头所说,亚里士多德把结论本质上区分为逻辑式的与辩证式的。3.诡辩式的结论,它们的推导形式是正确的,然而命题本身,也就是材料本身是不正确的,只是显得正确。4.智术式的结论,其推导形式就是错误的,只是显得准确无误,所有最后三类都属于诡辩术(辩证法),因为它们并不是立足于客观的真理,而是求助真理的假象,不顾及真理本身,也就是说,在寻找的只是正当性而已。而且论智术式结论的书籍也是后来很久才问世的,该书是辩证法系列的最后一本。——叔本华原注

［4］　马基雅维利在写给君王们的指导中说,要利用邻国每一瞬间中的弱点,对邻国发起进攻;不然当你虚弱的时候,邻国必利用你每一瞬间中的弱点。假如统治世界的是正直与诚实,则又是另一番情景了。因为人们没有能力做到正直与诚实,所以人们也不会允许自己以正直与诚实来处事;因为致力于正直与诚实所得到的报酬实在太低了。同样的情形也可以发生在一场辩论中,如果只要对手显得有理有据,我就放弃自己的立场;但是当情势逆转的时候,很难说辩论对手会步我的后尘,倒不如说他会"用不正当的手段"(per nefas)继续要赖下去,所以我也必须要赖。我们可以很容易地说,人们应当追逐真理而放弃对某个个别命题的偏爱,但是却没人提前知道,是否别人也会这样做,所以结果是没人会这样做。另外一种情形是,只要对手显得有理时,我就抛弃自己提出的命题,抛弃我之前已经深思熟虑过的命题,那么同样我也很容易就被一时的印象引诱,进而放弃真理而接受错误的观点。——叔本华原注

［5］　"只有教育才能催生天赋的能力"(Doctrina sed vim promovet insitam)。贺

拉斯：《诗艺》iv，4，33。——叔本华原注

[6] 亚里士多德在《工具·辩谬篇》一书中，再次积极致力于将辩证法与智术和诡辩术分别开来；其区别应在于辩证法式的结论在形式和内涵上都是正确的，而诡辩式与智术式的结论（两者完全可以通过目的区分，诡辩术只是要求能使自己的立场站住脚，而智术却依此求得声誉，并且赚取钱财）却是错误的，然而是否各种命题就其内涵而言为真，则永远是如此的不确定，以至于好像人们从中几乎永远也找不到一个区分它们的根据来；只有辩论的结果提供给我们一个很不确定的释义说明罢了，所以我们应当把智术、诡辩术和检验（Peirastik）统统放在亚里士多德的"辩证法"下来理解，并且将它们定义成一门技术。为了在辩论中站住脚（有理有据）的艺术，那么最有效的辅助方法，就是首先在任何情况下都要有理有据，不过就人类的特质而言，只有这点还是远远不够的；而且另一方面人类知性的弱点也使这一方法并非无条件必要。此外，还有一些技巧也属于这类范畴，因为这些技巧与客观的理据无关，当辩论的一方在客观上无凭无据的时候，常常也会用到这些技巧。至于说究竟有无根据，无人敢断定有无。

我的看法是，较之亚里士多德，辩证法应更彻底地与逻辑分隔开来，考虑到逻辑的形式化特点，我们应将客观的真值留给逻辑，而将辩证法限制在"有理有据"的范围内。智术和诡辩术正如亚里士多德所为，不应当与逻辑过分分隔开来，因为两者之间的区别建立在客观质料的真值上，但是关于该真值我们并不能提前有什么可靠的认识，倒不如彼拉多所说，什么是真值？——因为"真值隐匿于深处"（veritas est in puteo：εν βυθω η αληθεια。德谟克利特语，见第欧根尼·拉尔修著作，Ⅸ，72)，在一场争论中所追逐的目标，除了使真理显现，亦别无其他。不过这是说起来容易的事情，因为人们就是还不知道真理在哪里，更不要说当人们全被对手的论据乃至为自己的论据所误时——再有就是人们常说"如果一样东西浅显易懂，那么也应该很容易谈论"（re intellecta，in verbis simuis faciles）。总而言之，因为人们一直习惯于把辩证法这一名称和逻辑同等对待，所以我们只得把我们的Dialectia eristica叫做论争术（eristische Dialektik）了。——叔本华原注

[7] 人们应当始终清楚地区分一条准则的对象与另一条准则的对象。——叔本华原注

[8] 概念可被归置于一些特定的类别之中，如属与种，原因和结果，属性与对立面，富含和缺乏，等等。又有一些普遍的规则适用于这些类别，它们是地点、方位、位置（loci，τοποι）——例如，某个从因索果的过程是："原因的原因是结果的原因。"（克里斯蒂安·沃尔夫：《本体论》§928）具体运用事例：

"我幸福的原因是我的财产,也就是说,给予我财产的那个人是我幸福的驱动者。"各种研究对象之间的相互规则:1.互相排斥,例如要么是直线的,要么是曲线的。2.依附同一主体,例如,如果爱在意志中占有位置（επιθυμητικον,追逐渴求）,那么恨也占有一席之地。如果恨在感觉中占有位置（θυμοειδεs,愤怒）,那么爱也占有一席之地。如果灵魂不是白的,那么也不会是黑的。3.如果低程度的东西越是缺乏,则相应更高程度的东西也会缺乏;如果一个人不富有正义感,那么他也不会使人觉得亲切——您已经看出来了,真命题(Loci)就是确定的普遍真理,牵涉到概念的所有种类,人们可以从单个发生的事件中溯回到这些普遍真理之上,以求从中得到属于自己的论据,也希望从中找到普遍确信的东西来引证。不过大多数的真命题都带有极大的欺骗性,自带着非常多的例外,比如,一个真命题[Locus(Loci)]是这样说的:互相对立的事物具有互相对立的关系。举例来说,美德是美的,则恶行是丑的;友情是亲切的,则仇敌是令人厌恶的;同样也可以说,浪费是一种恶行,而贪婪是一种美德;蠢人说的是真理,而智者说的是谎言吗? 当然是不行的,死亡是消逝,则生命是兴起,是错误的。

　　关于这些位置、方位[topi(原型,topos,τοπος)]的欺骗性举例来说,司各特·爱留根纳在《论上帝的预定》一书中的第 3 章中,想要反驳某些异教徒,因为这些异教徒接受了在神中存在着两种预定(其中一种使选民成圣,另一种则是被神抛弃之人打入地狱),司各特常用到这样一种方法(神知晓从何得来的):"所有相互对立的东西,其原因也必须是相互对立的;如若不然,同一个原因将引出截然不同和相互对立的结果,理性绝不允许这种事发生!"如此掷地有声! 但是经验教导我们(experientia docet),同样的温度能使陶土变硬,也能使蜡变软,以及其他数以百计相类似的现象。但是司各特的这一方法听上去还是很有说服力的,虽然司各特将他的阐释静静地放在了这一方法之上,但是却与我们的旨趣无关。培根则几乎把全部的真命题都收罗在了一起,同时附上针锋相对的反驳,然后标之名称"colores boni et mali"。我们现在便用培根收集到的东西来举例说明。培根把它们也叫智术(Sophismata),一个论据有时候也可以被当成一个真命题,在《会饮篇》中苏格拉底正是借助这个真命题向阿伽颂证明了一个反例,因为阿伽颂把所有卓越的品格特性,诸如美、善等都加给了"爱",苏格拉底则说:"一个人要找的东西,也就是他没有的东西,如果爱所寻找的是美与善,则说明爱并没有美与善的品质。"这其中蕴藏着似是而非的东西,表面上似乎是说已经存在着某些特定的具有普遍效力的真理,这些真理可以运用到任何地方,使用这些真理后,对所有出现的单独事件,尽管千差万别,似乎都可以做出判断了,而不再需要深入顾及这件事情的特殊情况。[补偿原则是一个好得不能再好的真命题了]。不过这些统统是行不通的,正是因为概念是通过对差别的抽象获得的,从而能够理解即使是最迥异不同的东西,因为只要借助概念,不同种类的个别事物被依次叠加归整,且以更高价的概念为指导与判断,最迥异的东西就会冒出头来。对人类而言,当在一场辩论中陷入窘境之时,最自然不过的事情就是藏在一个普遍的工具或方位身后,企图以此挽救自己的局面。所以真命题也是"自然的省力原则"(lex parismoriae naturae),这便是说"自然不做无用功"(natura nihil facit frustra)。总而言之,真命题就是带着很重的实际意图。——叔本华原注

[9]　让·巴蒂斯特·拉马克(1744—1829),法国植物学家与动物学家。——译者注

[10]　我有意识地编造出来的事例,还远远不足以说明什么是欺骗,人们应当从自己的实际经验中收集事例。如果人们还能给我的每一个辩证法再取一个简短却恰如其分的名字,那是再好不过了。借助这些名字和正在发生的事例,我们对这个或那个辩证法的使用情况便会一目了然。——叔本华原注

[11]　或译面子。——译者注

[12]　"从一个相对的陈述过渡到了绝对的陈述,从而得到错误的结论。"这便是亚里士多德的《智术的反驳》第 2 章"智术上的反证与其措辞的风格无关:不管是不是直截了当地陈述,还是要考虑怎么说以及在哪里说,什么时候说或是涉及什么内容了。"这是《智术的反驳》第 5。——叔本华原注

[13]　德国一种装酒的瓶子。——译者注

[14]　德语中的"常常"(oft)又可以构成一个疑问词"多少"(wie oft?)。——译者注

[15]　参见《逻辑与辩证法》。——译者注

[16]　这一文字游戏的内容是,paveant 和 pavebo 的意思与法语中的 paver(铺设)意思相近。

[17]　皮埃尔·培尔(1647—1706),法国启蒙时代早期著作家与哲学家。——译者注

[18]　参见歌德《颜色理论》争论部分附扉页中的箴言。——德文原注

[19]　齐格弗里德,即古挪威语的西古尔德,古日耳曼英雄文学中的人物。——译者注

[20]　即令对手与听众不安。——译者注

[21]　计量单位。——译者注

［22］　奥利弗·高登史密斯(1728—1774)，爱尔兰作家。——译者注
［23］　应指特米斯托克利(前525—前460)，古希腊政治家。——译者注
［24］　应指欧里比亚德斯(约前480年为活跃期)，斯巴达统帅。——译者注
［25］　洛伦佐·瓦拉(1407—1457)，意大利雄辩家。——译者注
［26］　彼得吕斯·拉米斯(1515—1572)，法国哲学家。——译者注
［27］　Eristische Dialektik，论争性的辩证法。——译者注

逻辑与辩证法[1]

§22

假设人们可以把普遍真理[2]转化成数量巨大的特殊真理（由普遍真理推导而来），如同铸成小额面值的金币，那么任意一普遍真理之于诸特殊真理，便如同真金对白银一般。举例来说，有这样一些句子，如"植物的全部生命是一个脱氧过程，而动物的全部生命则是一个氧化过程"——又或者"电流将永复循环运动，直到磁流出现将电流做直角切割运动"——又如"不用肺呼吸的动物，不具备语言能力"——又如"任何一种化石动物都是已经灭绝的动物"——又如"卵生动物没有横膈膜"。上述列举出来的句子均是普遍真理，从中可导出无数的特殊真理，从而解释出现的诸多现象；或者为了在认识者获得最初印象之前，在认识过程中预先设定这些普遍真理。对道德学说与心理学说而言，这些普遍真理同样价值不菲：这里的每一条普遍准则，有关行为举止的任何一条命题，乃至任意的一句谚语，都发出金子般的光芒！因为这些真理是每日千千万万重复发生着的事件的结晶体，琐碎之事由之列举出来,描绘出来。

§23

分析判断是一个纯粹被分离出的概念,综合判断则相反,是一个新概念的构成活动,是从智力中两个现有的却互不相干的概念中得来的。但其连接作用必须通过某个直观认识才能促成,才能实现。此一直观认识或是经验的,抑或是先天的[3]。由此产生的判断,相应地或是后天综合判断,抑或是先天综合判断。

任何分析判断都包含重言式[4],然而全部的重言式都不包含在内的判断,即综合判断。由此可知,在演讲的时候,分析判断只能在既定的前提下使用,听众与演讲者一样,要么对主词概念[5]了解的不完整,要么就是在听讲的当下已经知晓了。——另外通过几何定理的综合性质可以证明,几何定理不包含重言式;在代数定理中虽然不是很明显,但依然是同样的状况。例如,从 1 数到 4 和从 1 数到 5 时,其中重复的同一性恰如从 1 数到 9 时的同一性一样,不是同义反复,而是通过时间的纯粹直观实现的,缺之则不能使人理解。

§24

从一个命题中能够推导出来的,除了该命题中已存在的东西外不会有其他东西。也就是说,只能得到该命题本身规定的对其内涵的全部解释。但是如果有两个命题通过三段论[6]的形式与一些前提连在了一起，则可在每一命题单独的解释之外，推导出更多的东西——就像一个化学聚合物的所有属性，都不能被其组成部分中的某一部分据为己有。推论的价值便在于此。

§25

　　任何一个论证都是既定命题的逻辑推演过程，是从一个已知与确定的前提中推得，同时借助另外一个前提作为第二前提[7]。任何一个命题要么必须是直接的，或者更准确地说原初的可靠性，要么必须从一个原初可靠性的命题推导而来。含有原初可靠性（即不从任何证明处借来的可靠性）的这些命题构成了所有科学的基本真理，其产生的方式常常是，以任意一种形式被直观把握认识到的东西转化到思考性的、抽象性的东西中。据此，这些命题称作是自明的，谓词本质上只能与这些命题存在归属关系，而非与那些纯粹被证明出来的命题，那些命题作为"从前提推导出来的结论"（conclusiones ex praemissis），只能称作合乎逻辑的。后一种命题的真理由之永远只能是间接的、被导出的与移植的。尽管如此，只要该种命题仍然是从一个直接真理的命题中正确地演绎而来，就算还需要通过中间命题的引介，其可靠性依然如任何一个直接真理的命题一样。甚至有的时候，在后一种条件下被推导出的真理，往往更容易清晰地阐释出来，而且比之由直接与直观被认识到的真理原型给出的命题，也更容易使所有人都能理解。因为直接真理原型的认证经常要么缺少客观条件，要么没有主观条件。上述关系好比通过磁化制造出来的磁铁，与天然的磁石相比，其磁力不仅不与之等同，反倒更强。

　　直接形成正确命题知识的各种主观条件构成了判断力，判断力是聪慧头脑的优势，但任何一个健康的头脑都有能力，从给定的前提条件中推出正确的结论。将原始直接正确的命题确定下来，需要将直观知识转化到抽象知识中：这一能力对于一般人而言是极其有限的，何况其触角还须延伸到各种容易忽略的关系中，例如欧几里得定理，或者简单无歧义的、可公开交由欧几里得定理处理的各种事实。超过这个范围，为了获得确信就只能诉诸证明方法了，而证明方法所强烈要求的直接知识，只能在逻辑中通过矛盾律与同一律表达出来，只能在各种证据的每一步中不断重复出现。在这种证明方法中，所有的东西都还必须被那些证据还原到最朴素的真理之中，这些朴素真理具有使人直接领悟证据的能力。从普遍推向个别是演绎法，相反的逻辑方向则是归纳法。

　　具有判断能力的头脑，更贴切地说，发明者和发现者具有极高的过度能力，能将直观认识之物转化成抽象物或思考物，从而使此一认识功能延伸到更为复杂的逻辑关系上，由此对其而言，直接真理的命题是一块广阔得多的领域，该领域被广泛地研究，该领域的存在也使得另一类的真理不再被视为相对弱小的，只包含了纯粹间接的确据。对后一种真理而言，只能是在新发现的真理之后再来要求一个证据，即是说，要还原到已经被认识了的或者就是无可置疑的真理之上。——当然也存在这样的情况，那就是这一过程并不会充分地展现出来。例如，我虽不能为六个数分[8]找到任何证据，却能因此说出六种主要的颜色来[9]，也只有如此，才能理解其中每一种颜色的特殊本质，借助六个数分颜色才能在知性中实际地解释；更何况其中蕴含的直接可靠性如此巨大，以至于很难会有判断力正常的人认真严肃地质疑这一点。然而依旧有一位维也纳的罗萨斯教授先生[10]，居然将之窃为己有，作为自己的发现成果报告出来——请读者参见我的著作《自然界中的意志》。

<h2 align="center">§ 26</h2>

围绕一个理论话题的争论与辩论，对藏身其中的两个参与者而言，毋庸置疑是极其有益的，因为争论与辩论可以修正或证实双方怀揣的想法，并且能启迪新的内容。这便是所谓两颗头脑间的摩擦与碰撞，常常点燃思想的火花，尽管有时其情形真如一场撞击一样，弱者常常要屈服忍受，强者则洋洋得意，敲起胜利的钟声。因此，人们也有理由提出这样一种要求，即争辩的双方在某种程度上应当是互相进步的，既要增长认识，也要增强精神力与灵敏性。倘若争辩一方缺少前者，则其尚未能与对手“站在（同一）水平”（au niveau），其水平尚不能理解对手抛出的各种理由，如同在击剑时尚未站到有效距离内。倘若争辩的一方完全缺乏后者，则会立马在其胸中生出极大的愤恨，使其在辩论中不顾后果地说谎、狡辩与刁难对方；而且一旦证明他在说谎与狡辩，便会毫无顾忌地恶言相向。所以说，有学识之人不与不学无术者争辩，就像竞技比赛时只允许同一段位的选手入场比试一样，假如强与其辩，则有学识之人无法将其最有力的论据提出来，因为不学无术者没有足够的见识理解与揣摩这些论据。倘若在这种窘境下，有学识之人还要试着让不学无术之人了解这些论据，通常注定是要失败的。不过，不学

无术之人提出的糟糕与笨拙的反对理由，有时候在听众眼里，反倒显得有理有据，因为他们与不学无术之人一样是无知的。所以歌德说：

> 任何时候都不要
>
> 陷入矛盾中，
>
> 当智者与无知者争辩时
>
> 智者也变得无知
>
> ——《西东诗集》6，27

　　然而，更糟糕的情况还不止于此，当争辩一方完全缺乏精神力与理解力的时候，他会取而代之，表现出对真理与教诲的真诚追求。如若不然，他会立马觉得自己被深深地刺痛了，然后辩论对手亦会立刻察觉到，他已经丧失了理智，而将人性中的极端，即赤裸裸的意志展现出来。这样一来，不管是用正当的（perfas）还是不正当（pernefas）的手段，他都要赢。现在任意一种形式的诡计、花招与谎言完全占据了他的理智，在这些招数使尽后，不管用什么方式，为了弥补受到创伤的自尊心，他都要迫于无奈向对手动粗，视辩论双方所处的地位与状况，逐步将思想的争锋转变成肢体的争斗，他以为这样便能稍稍挽回局面。此刻，我要说出第二条原则来，那就是不与有智力缺陷的人争辩。但是人们也知道，能够与之发生争论而陷入冲突的人，其实是很少的，也只有个别例外的情况下，才会产生上述情形。其实正常情况下当人们发现辩论对手与之意见相左时，通常早就心生怨气了，故而他们认为应当继续设法使对手能够赞同自己的想法。在这场冲突中，如若他们不用到上文中提及的"愚笨之人的最后藏身之所"，那么多数时候就只能让对手承受他们的愤慨了。这一点不仅仅是因为他们的智力有所不济，更是因为他们道德质量败坏。此种情形多见于辩论的不实之言中。人们为了显得有理有据而使用的诡计、花招和刁难层出不穷，五花八门，且屡试不爽。早年时我曾自我寻思过这个问题，直到最终我认识到，无论讨论的对象与参与的对手如何不同，同样的诡计与花招总是会反复出现，而且极易辨别出来，我才明白，我过去所思考的便是这些手段的纯粹形式。那时我便有了想法，要把这些现世的诡计与花招的纯粹形式从原料中提炼出来，然后像是做成一块干净的解剖切片一样展示给众人。故而我收集了在辩论中几乎所有常见的用以矫饰虚掩的伎俩，对每一种伎俩，我都用事例说明，并且冠上一个特殊的名称，从而也就详尽地道出了每一种伎俩的本质内容；然后我再将反制的方法，也就是挡住那些花招的招式，也一并列了出来。从这个过程衍生的正是所谓"论争术"[11]。在上文中曾被我赞扬的那些技巧或是战略，到了论争术中便成了话术技巧，至于为这些话术技巧填充内容的，正是逻辑学中的逻辑演绎与修辞学中的修辞术。包含了这两样东西的各种论争术又有一个共通点，在某种程度上它们几乎是天生的，是实践先于理论的。也就是说，人们压根不需要先去学会它们，然后再拿去运用。然而就像我在我的主要著作[12]第2卷第9章中所言，正如同辩证法与修辞术是从逻辑学中衍生的一样，对那些论争术技巧的纯粹形式的抽取也似乎可以成为理性技术的一个补充。因为据我了解，前人还没有在这个领域内做过任何尝试，所以我也未得到过任何前人的帮助:我只是有时会用到亚里士多德的《题旨》篇,借用了其建立(κατασκεθαζειν)与撤销(ανασκεθαζειν)含义规则中的一些规则,以实现我的目标。但与我的初衷完全相符的,则莫过于第欧根尼·拉尔修引用的泰奥弗拉斯托斯[13]在《与谬误理论的斗争》(Αγωωιστικον της περι τοθs εριστικοθs λογουs θεωριαs)中的一篇,只不过该篇与其修辞学的著作一起都消失了。还有柏拉图也提及过一个反驳的技艺(αντιλογικη τεχη),该门技艺教会我们什么是争论(εριζειν),就像会话的技艺(διαλεκτικη)教的是与人交谈(διαλεγεσθαι)。新近出版的书籍中就属维兰特·哈勒[14]教授弗里德曼·施耐德[15]的著作《逻辑研究:论辩论的进行与义务以及争辩者的谬误》(Halle,1718)[16]与我的目标最为贴近了,他在论述"谬误"(vitia)的有关章节中揭露了各色的诡辩谎言。但是施耐德的研究对象也只是学院里纯形式的辩论,就像其他那些学院产品一样,施耐德的研究完全是贫乏与无力的,而且也是用蹩脚的拉丁文出色地写成。一年之后,约阿希姆·朗格[17]出版的《辩论法》(Methodus disputandi)就比之好很多了,只不过于我毫无用处。——现在将我早年的工作成果再次检查一遍,从中我找到了一份对辩论捷径与花招详尽而细致入微的观察,人类的天性就是要利用这些手段掩饰自己的缺陷,但是这并不符合我的精神状态,是故我将其束之高阁。然而如若有人将来有意使用到这些东西,想要把我对事物的观察方式更准确地描绘出来,那么我愿意把其中一些诡辩伎俩当成试验品,在此列举出来。只不过之前我还想告诉读者们,我将辩论本质属性的轮廓也一并描述,此轮廓抽象构建争论的基本内容,相当于争论的骨架,可以当成有关争论的骨科

学研究。现在我将这一清晰明了的研究工作,一目了然地呈现给读者们。这便是:

任意一个辩论(其发生地可以是在学院的讲堂与法庭中,也可以是在纯粹的日常会话里)的本质进程如下:

首先确立一个辩论题目,并且确定该题目是可以反驳的,故而我们发现其中又有两种模式与路径。

1. 两种模式:关乎事物(ad rem)与关乎辩论者(ad hominen)或者说指向承认[18](ex concessis)。只有依靠第一种模式,我们才可以瞥见辩题中蕴含的绝对或客观真题,因为我们可以借之向人清楚地解释,客观真理与会话中出现的事实特点不相符。而另一种模式,我们仅仅能撞见辩题中蕴含的相对真理,因为我们只能证明,客观真理与防御一方的言论或认可相矛盾,或者说我们只能证明其论据是站不住脚的。原因在于客观真理到此时根本上都还是悬而未决的。举例来说,在一个有关哲学或是自然科学问题的争论中,若反对者(他必须是个英国人)被允许引用《圣经》作为论据,那么我们也可以同样引用《圣经》反驳他,尽管我们知道,这些东西纯粹只是与辩论者相关的理由(argumenta as hominem),因为这些理由事实上没有任何决定性意义。这就像某人拿着从他人处得来的同一张纸钞,又付钱给他。有些时候,人们甚至还可以将这种操作方式(modus procedendi)与下述情形相比较,某原告在法庭上出示了一张假债券,而这张伪券是由被告用一张假收据签发的,双方之间的借贷行为居然也可以堂而皇之地进行。不过就像刚才这个例子,纯粹与辩论者相关的理由往往还是有点用处的,因为在任何情况下都可以用之对事物进行真实而详尽的解释,常常被极尽可能地扯远,最大限度地变得复杂。

2. 至于说两种路径则有直接与间接之分,直接路径其要义是攻击论题的原因/根据,间接路径是攻击论题的结论;直接路径要证明论题是错误的,间接路径要证明论题不能为真。现在我们就此进行更为深入的讨论。

a. 在直接路径上反驳对手,也就是攻击论点的根据部分,我们说我反对大前提(nego maionem),要么证明该论题本身就不是真的;或者说我反对小前提(nego minonem)。我们用这两种方法攻击的是构成该论题的结论。要么我们就承认论题的根据,但是却告诉人们,这一论题的内容不是从这些根据中得到的,也就是说,我们攻击的是结论的产生形式,是故我们说我反对结论命题(nego Corsequentiamc)。

b. 在间接路径上反驳对手,也就是攻击论点的结论部分,其目的是要将依据结论的错误引申出根据的错误原则,从结论的不正确性退到论题本身的不正确性上。为了实现这一目标,我们又有原始反驳法(Instanz)和扩展反驳法(Apagoge)两种方法[19]。

α) 原始反驳法[20]（ενστασιs）是单纯依靠列举反例实现的,该方法是通过证明该论点下的各种事物与对应物,即由之引申的东西,却与该论点本身毫不相关,那么也就是说,该论点本身可能是错误的。

β) 扩展反驳法的实现途径是,我们暂时假定对方的论点是正确的,却将之与任意一个确认为正确且无可反驳的命题联在一起。这样一来,两者便构成了一个新的论证的前提条件,由之得到的推论显然是错误的,因为该推论要么与事实不符,要么与对话中涉及的论题的公认特性不符,再要么与该论点的另一位辩护者的观点相左。扩展反驳法从形式上说既关乎辩论者又关乎事物,如果从上述过程得到的推论与毋庸置疑且先天正确的真理相矛盾,那么我们便可以将辩论对手引入荒谬、无意义(ad absurdum)的境地了。因为假如被添加进来的前提具有无可置疑的正确性,那么任何情况下得出的错误推论,都只能是从论点本身得来的,这便是说论点本身可能是错误的。

在形式上,任何一种攻击方法都可以拆解成上述那些步骤,这些步骤在辩证法(dialektik)中相当于剑术中的常用招式,如第三式和第四式,唯有不同的是,我将收集整理的诡辩技巧与技术和纯粹的花招作了一番比较,并将辩论中个人的经历与大学剑术教师所谓的剑术技巧作了一番对比,现在我把收集齐的论争术中的一些例子当作示范,为读者列举出来:

话术技巧之七:扩题。将对手的意思带离其本来的界限,也就是说,超出对手本来的意图与表达的内容,在一个更为延伸的意义上理解他所说的话,其目的是要在这个延伸的层面上,方便反驳他的论点。

例如,A宣称,英国人在戏剧艺术上的造诣超越了其他所有民族。B则似是而非地反向追问/向反方向追问(instantia in contrarium),说英国人似乎在音乐,从而也在歌剧方面并没有杰出的成就。那么针对这一辩论花招的防守技巧,则应是辩论者面对一个被对手抛出的矛盾,马上将对手提出的论点严格地限制在已发表的言论范围之内,或者限制在合乎情理的意义中,因为一个论点的涵义越是(广泛),招致的攻击也会越多。

话术技巧之八：延伸。 在对手提出的命题上，再添上另外一个命题（甚至这一行为常常是悄悄进行的），添加进去的命题与对手的命题看上去有相近的主词与谓词，然后从前两个前提命题中推出一个错误的结论，甚至令人难堪的结论，却将责任指向对手。

例如，法国人驱逐了查理十世，A 对此表示赞赏。B 立即反驳道："这么说你是要我们也赶走我们的国王。"反驳者悄悄地加入了一个可作为大前提的命题："所有驱逐自己国王的臣民都应被赞赏。"这一过程可以还原成一个辩证术，即将有限制条件的论点扩展成没有限制的论点。

话术技巧之九：转移。 当一方在辩论的进程中已经感觉到他将败北，而对手即将获得胜利的时候，会立马用转移话题（mutatiò conutroversiae）的办法阻止其发生，也就是通过将讨论的话题对象转移，偏移到任何一个次要的话题上来实现，紧急情况下还可以迅速地跳转到某个次要的话题上；而跳转的一方又试着将此次要的话题放到与对手的辩论之中，目的是围绕这一话题纠缠，却将原来争论的话题对象抛在一边，取而代之。这样一来，对手不得不将唾手可得的胜利丢掉，而转向新的话题。要是很不幸，对手立马又举出强大的反对论据，则另一方立刻故技重演，再一次跳转到另一个次要话题上，这一戏码甚至有时可以在四分之一小时内上演十次，只要对手还未完全丧失耐心的话。这一战略性转移的最佳精神演绎，莫过于一方在对手毫不留神的情况下，将争论完全地转移到另一个与辩论话题相似的对象上，也就是在某种条件下，转变为确实有可能与原来的话题相关的东西上。稍逊一点的做法，则是将论题的主体保留，却将该主体的其他各种联系摆在台面上，这些关联与辩论中的主体却毫无瓜葛，例如，从汉传佛教转入茶叶贸易的话题。如果这一手法一次不灵，那么应抓住对手任意一个不经意间表达出来的观点，希望在这个观点又附上一个全新的争论话题，使之与原来的争论话题脱钩。例如，当对手如此自述道："现在我所说的便是事物的奥秘。"则另一方立马回应道："当您谈论各种奥秘与神秘主义的时候，我却不是您的仆人；因为这里面关乎的内容是……"等诸如此类，然后那被扩展的话题夺取了场地。就算在当时的情形下并没有出现任何的机会，人们也该大胆地实施这一技巧，突然地跳转到一个完全陌生的事物上，例如说"是的，您提出了一个新的观点"，等等。在不诚实的辩论者最本能地运用以博取听众的技巧中，转移无疑是最受青睐与使用频率最高的一种，而且就算到头来令那些不诚实的辩论者陷入尴尬境地，他们却依然照用不误。

　　我收集了大概四十来个这样的话术技巧，并且逐一论述过。但是我却很反感再把所有这些规避方法阐释一遍，这些与顽固、虚荣和不诚实同为孪生姐妹，用来规避能力缺陷与不足的方法，我在这里只是尝试提及一下。不过我也很严肃地请读者们参照上文中给出的各种缘由，避免在辩论中与那些常常会出现的人纠缠不清。人们心里其实都想通过提出论据助长某人的领悟力，然而一旦他在对手的回应中察觉到了对手的冥顽不灵时，这一想法也就荡然无存了。如若不然，他也要不诚实才行。实际上刁难这种技巧在理论上只能称作智术（Sophisma），可我们提及的各种论争术，比起智术来还要无耻得多。因为意志借此戴上了知性的面具，扮演起了知性的角色，做出平时难以启齿的坏事来，就像极少有什么事情可以使人愤怒到，如发现有人故意曲解他的意思时一样，谁若拒绝对手提出的正当理由，则正直接暴露了要么他的知性孱弱，要么间接暴露了他被自己的意志统治权压迫着。所以一旦当义务与职责发出强烈要求，有这样孱弱知性的人便不得不心急如焚了。然而，为了抵制上文提及的那些诡计所坚持的所谓合理正当性，我不得不在此承认，当对手抛出针锋相对的论据后，立即放弃自己的观点也是操之过急的做法。当我们在辩论中感觉到了对手论据的暴力性而反驳理由，或是在其他方面直接支撑和解救我们观点的东西，也不会很快被我们思索到时，如若我在这种情况下丢弃了自己的论点，那么很有可能我们亦背离了真理[21]。或许我们稍后便会发现，我们所坚持的观点本来就是正确的，只不过由于我们的软弱，由于我们对此缺少信心，而屈服于一时的假象了。甚至我们为自己的论点费尽苦心所找到的证据，都的确可能是错误的，很可能另外存在一个正确证据。本质上说，正直和热爱真理的人也很难马上就能辨认出什么是正确的证据，更不要说当反对证据（理由）令他们对自己坚持的真理产生了动摇的时候，还能要求他们试着进行一次简短的反击，要求他们在自己的论点上再多坚持一会儿。但就像一位军事统帅即便知道不能坚守住阵地，也明白要努力坚持一会儿，以等待援兵；故而他们也希望，尽管一时之间只能用糟糕的理由自我防卫，却总能在过程中思索到好的理由，并将对手论据中的似是而非之处清楚地指出来。然而，当人们情急之下为自己的命题辩护胜于为真理辩护时，人们不得不几乎被迫以一种撒谎的方式面对这场争辩了。这便是真理的不确定性与人类智力不完善性的结果交织所致。此外，我们还面临着一种危险，也就是人们在这样的辩论中走得太远,太长时间以一个糟糕的确定证据为自己辩护时,到最后自己也会变得冥顽不灵,为人性中的丑陋开了方便之门。无论如何,也就是通过不诚实的诡辩伎俩的帮助为自己的话语辩护,竭尽所能(modiccu)地巩固自己的话语地位。只不过未免自己感到羞耻,每个人都希望用自己卓越的天分与才能遮挡。当然了,毋庸置疑的是,此文有关事物特质的清晰知识和认识,也能在此种意义上引导教育人们如何进行自我塑造。

注释

[1] 根据 *Arthur Schopenhauer Sämtliche Werke* Band Ⅴ, Stuttgart, 1986, S.29—42 翻译。

[2] 叔本华此处所谓的真理(Wahrheit)并没有强烈的宗教或形而上学内涵,应指一般的逻辑真理或称逻辑命题。——译者注

[3] 根据康德的区分,直观分经验直观与纯粹直观,后者即为先天的(a priori),包括时间与空间。——译者注

[4] 或称"同义反复",如"四脚凳有四只脚"。——译者注

[5] 此处的主词指的是在判断中与"谓词"相对的概念,如判断"人是动物"中,"人"是主词,"动物"是谓词。——译者注

[6] 逻辑学基本术语,由于译文篇幅有限,此处不再解释。——译者注

[7] 即指三段论中的小前提。——译者注

[8] 原文是 Zahlenbruch,叔本华颜色理论术语。——译者注

[9] 参见本卷第 215 页及第 3 卷第 229—234 页。——德文版注

[10] 安通·罗萨斯(1791—1855),奥地利眼科医生。叔本华曾在其书中指责罗萨斯剽窃。——译者注

[11] 或译"论争辩证法"(eristische Dialektik)。——译者注

[12] 即《作为意志和表象的世界》。——译者注

[13] 泰奥弗拉斯托斯(前 371—前 287),古希腊哲学家,曾为亚里士多德的学生。——译者注

[14] 应指哈勒大学,弗里德曼任教于该大学。——译者注

[15] 弗里德曼·施耐德(1669—1733),德国逻辑学家、物理学家与法学

家。——译者注

[16] 原文是 Tractatus logicus singularis, in quo processus disputandi seu officia aeque ac *vitia disputantium* exhibentur.——德文版原注

[17] 约阿希姆·朗格（1670—1744），德国新教神学家，亦曾就读于哈勒大学。——译者注

[18] 逻辑学表述。——德文版原注

[19] 关于原始反驳法与扩展反驳法的翻译，采取了意译的方法。后者 Apagoge（希腊文中有剥离、导出的意思）在叔本华的《作为意志和表象的世界》第 2 卷中，是作为 Epagoge（亚里士多德的归纳法）的相反面出现的："归纳法是 Apagoge 的反面。Apagoge 通过指出从某个命题导出的结论为不真，也就是用 instantia in contrarium 的方法证明该命题也是错误的。归纳法则相反，通过指出从某个命题中导出的结论为真，证明该命题的正确性。归纳法也就是通过列举事例服务于一个设定，而 Apagoge 则要从这样的设定中脱离出去。"（参见《作为意志和表象的世界》第 2 卷第 9 章）——译者注

[20] 希腊文有"起点、方位、异议"等意思。——译者注

[21] 即逻辑意义上的真理。——译者注

论艺术的内在本质[1]

　　不仅仅哲学,各种审美艺术也都在本质上致力于解决人类存在这一问题。任何一个曾经以纯粹客观视角审视过世界的精神思考者,即便朦朦胧胧和没有意识到自己的行为,都会热情而激动地不断努力,想要领悟何为物的真实本质,何为生命的真谛,以及何为人类存在的真实本源。只有这种东西才会有兴趣,把我们的智力当成不受意志芜杂目的束缚的智力,也就是当成认识活动的纯粹主体;就好像相反,意志的那些目的只关心那仅仅将个体当作自己认识对象的主体。任何纯粹客观的领悟,也就是任何一种纯粹艺术性的领悟带给我们的结果,都更像是生命与人类存在之本质的某种流露,直接回答了"何为生命"这一问题。每一件高贵而成功的艺术作品都在解答这一疑问,以其特有的方式全然正确地解答了这一疑问。然而艺术只能用幼稚且童真的语言告诉我们驻于直观中的内容,却不能把我们带入抽象与严肃的反思里,艺术的解答只是匆匆一瞥的图像,而非稳定与普遍有效的知识。每一件艺术品都只是为了直观地回答那一疑问,每一幅油画、每一座雕像、每一首诗、每一幕舞台剧都是如此。当然音乐也给出了答案,但是音乐使用一种直接为人所能领悟的语言,虽然这种语言不能被理性再译出来,却已经将所有生命与人类存在的最内在本质道尽无疑,音乐因此比其他所有的艺术都更加深刻。其他各门艺术好像在提问者面前摆出一幅图画,然后对他说:"看,这便是生命!"——无论它们的回答多么正确,都永远只能提供给我们一个临时性的解答,依然不能给出一个一劳永逸与终极的答案。那些艺术只能丢给我们一些片段,用事例取代了准则,不能带给我们有关事物的全部内容,此种整体性内容只能在概念的普遍性中给出。用概念的方式,也就是说,凭借反思思维在抽象思考(*in abstracto*)中,针对那一问题得到一个稳定的答复,一个永远使我们感到满意的回答,便无可争议地成为了哲学的任务。借此我们可以窥见哲学是如何与各门艺术产生出亲缘关系的,还可以抽丝剥茧地了解到,虽然进行哲学思考与从事艺术创作的能力,在方向上与所包含的次要性事物上可谓天壤之别,但两者的根基却是相同的。

可以说任何一件艺术品根本上都在努力向我们揭示,何为生命与纷繁事物在真理之中的模样,受到主观与客观偶然性迷雾的遮挡,并非每一个人都可以直接地把握这一真理全貌。艺术吹散了这团迷雾。

诗人、画家和表演艺术家的作品,都在一个公认的程度上,富含人生智慧的宝藏——自然之物中蕴含的智慧正是凭借他们的作品自我诉说,艺术家们以澄清与加倍纯粹再现的方式,把自然智慧的言说内容转译给我们。乃至说任何一个阅读诗歌或欣赏艺术作品的个人,都以特有的方式为将那一智慧呈现出来奉献出了自己的力量:也就是在其能力与教育程度允许的范围内,尽可能地领悟其中蕴含的智慧。好像航行在深海上的每一艘船，在其船锚长度可以承受的范围之内，尽可能远地抛向海底。面对一幅画，每个人都会驻足，就好像站在某位侯爵的面前准备聆听教诲，而且就算这位侯爵其实并未下达什么命令，他也要装作似乎是听到了什么。——表演艺术的作品虽然包含了所有的自然智慧，却依然只是可能的（vitualiter）与隐晦的（implicite）；与此相反，以事实详尽的（actuliter）与公开的（explicite）方式将那一智慧传递给我们，正是哲学努力的地方。哲学在这种意义上之于其他各门艺术，正如酿成的葡萄酒之于葡萄一般。哲学誓言要给我们提供一份实际的现金红利，一块稳定而牢固的地产，但艺术作品贡献给我们的却是时常更新的东西。所以哲学不仅仅是对创造出作品的人，同时也是对欣赏作品的人提出了足以令人望而却步且难以满足的高要求。因此缘故，理解哲学的读者甚少，而欣赏艺术的观众颇多。

上文提及的对艺术作品的欣赏，常常还需要观赏者参与共同完成。部分的原因在于，任何一件艺术作品只有通过想象力（Phantasie）这个媒介的功能，才有可能产生效果，故而一件艺术作品必须激发欣赏者的想象力，不允许将想象力从这一游戏当中排除，不可以使之站在一旁无所作为。这便是审美效果能够产生的一个条件，也就是所有审美艺术的一个基本准则。依据这种基本准则，我们还可以推导出，艺术作品并不要求把所有的感官都调动起来，倒不如说，只是要求保证想象力刚好可以在一条正确的轨道上发挥出自己的效力：总有些东西要留给想象力，总有些事情要任由想象力最后完成。甚至作家自己也必须留给读者一些东西，任其自由发挥想象。伏尔泰就曾十分贴切地说过：

无聊的真正秘密在于把所有的都说完了。

——《演讲者》6, 172

一门艺术中最美的总是属于心灵的,是为感官应运而生的;一件艺术作品被艺术家制作出来,却是在观赏者的想象力中诞生的。如此也就解释了为何艺术大师们的草稿比起他们绘制完成的作品影响常常更大,因为他们的手稿具有一个优势,即尚在作者构思的瞬间里,这些手稿便宣告完成了;相反被一层又一层涂抹的图画,只有依赖作者持续不断的辛勤劳动,需要作者聪明的思虑,以及毫不动摇地坚持自己的目标,才有可能最终被制作出来,但是灵感不可能一直持续到画作告成而不消散。——依照文中所谈及的美学原则,还可以进一步解释,为何蜡像虽在模仿自然的角度上可以达到最完美的境界,然而却不能带给我们一丁点美的冲击,也就在根本上不可能被称为美学艺术作品。因为蜡像让想象力毫无施展的余地。雕塑只有纯粹的形式而缺乏颜色,绘画虽有颜色,但其形式纯粹是假象,两者因而都要求观赏者想象力的参与,蜡像把所有的都给了我们,既有形式又有颜色,真实性的假象产生出来,而想象力被排除在游戏之外。相反的情形是,诗只能寻求想象力的帮助,原因在于诗致力于用纯粹的文字来表现。

　　借助艺术的手段但对目的毫无认知的盲目(审美)活动,在任何一门艺术中正是流于表面的典型特征。此种盲目的活动可以见诸劣质建筑物中的空心立柱,毫无目的的漩涡装饰,各种各样的隆起以及突出部位,见诸糟糕音乐演奏中被制造出的毫无目的的噪音,即缺乏内涵的乐句与乐型,见诸空泛的诗词中韵脚挤兑迸发出的乒乓之声。

　　根据前文所述以及我对艺术的整体观点，艺术的目的应在于释清理念世界的知识究竟是什么（我在柏拉图所理解的意义上，在这个唯一的意义上认可与理解理念这个词语）。理念本质上是直观之物，从而在其内在的规定性上也是没有办法被说明白道清楚的，对这样一种直观之物的描述，从而也只能是在一条直观的道路上才是可行的，这就是艺术的道路。谁若选取艺术作为描述理念的媒介，那么他可以理直气壮地说，他已经充分地理解了何为理念。纯粹的概念则相反，全然是对可以诉说道明的东西，是对清晰思考成果所做的可能性规定，概念运用词语冷静而客观地把全部内容描述出来。但是将思考的成果用一件艺术品的形式描绘出来的愿望，实在是在毫无用处地绕弯路，属于我们在前文中抨击过的借助艺术手段却没有认知目的的审美活动。当某件艺术品的构思从纯粹的概念得来，则该作品任何时候都算不上是一件真正的艺术品。假如我们观赏一件造型艺术作品，或者阅读一首诗歌，又或者聆听一首乐曲（这首曲子的目的在于描述某些特定情形）时，撇开所有娴熟的艺术技巧而透视到一个清晰有限、冷静、客观的概念上，看到这个概念最后浮出水面，它便是这件艺术作品的内核，该件作品的全部构思都有赖于对这个概念的思考。也即是说，一件艺术作品所描述的东西根本上是可以被穷尽的；我们会因此感到恶心与厌恶，我们会觉得自己被欺骗了，被骗来参观，被骗取了注意力。只有当某件艺术品的留白部分是我们无法用针对性的思考引入清晰的概念时，我们对该作品的印象才能完全使我们感到满足。从纯粹概念中生发出来的杂交（艺术）根源上有一个思考性的特征，某件艺术作品的创作者在动手之前已经可以用词语清楚地表达出来，他想要表现的是什么，几乎可以说凭借他的辞藻，便可以实现他所有的目标了。所以当人们（就像现在的人们经常做的那样）想要把莎士比亚或者歌德的诗歌还原到一个抽象的真理之上，且认为对此真理的描述便是诗歌的目的时，便是一件多么无耻而又可笑的蠢举。当然艺术家在规整作品的时候也必须思考，只不过只有当艺术家所思考的是在思考活动之前，已经被艺术家直观把握的东西，在随后的描绘活动中也才能展现张力，才会是持久的。在此我们就是想要无拘无束地说，艺术作品刚刚在模具里成形的时候，就像我们曾提及的画家们的手稿在构思的第一瞬间里灵感到来时一样，便已经完成了。就像在无意识中被捕捉到的旋律，没有任何反思思维的参与，全然是从启迪中得来的，根本也像抒情诗、纯粹的歌曲一样，把对现实脉搏深刻的感触与对周遭世界的印象用文字倾泻出来，使这些文字按照音律和押韵的要求排列起来——我说，所有这些艺术作品的一个巨大优势就是，它们是被瞬间灵感、激情和天才冲动创造出来的伟大作品，不掺杂任何意图和反思思维，从而越发地令人感到愉悦和具有观赏性，没有表皮和内核的分野，比起那些借助了冗长与精雕细琢的表现手法的伟大作品，它们对后世的影响会更加忠实于原貌而不偏离。在这些伟大的艺术作品中，也就是那些巨大的历史油画作品、长篇史诗、不朽的歌剧作品，等等，反思思维、作者意图以及深思熟虑的选取都占据显眼位置：知性、技艺和既定程式必须用来填补天才构思进而灵感不能填满的缝隙，附加作品被当成是涂抹在各个伟大部分间的凝固粉，必须使每个场次都能连贯起来。由此我们也了解了，为何所有最伟大大师的最完美作品（如《哈姆雷特》、《浮士德》、《唐璜》），没有列入那些作品的序列之中，也就是说，没有掺杂特有的外衣和无聊的内容，这些东西会令人们欣赏艺术品获得的愉悦享受枯萎。举例来说，弥赛亚便是此类的典型，又比如《获自由的耶稣》，甚至《失乐园》以及《爱涅阿斯》，贺拉斯很冷静地写道：

> 要是高贵的荷马也打瞌睡的话，我实不知该如何自持。
>
> ——《诗艺》第 359 页

但也是因为人类力量的有限，才会出现这样的局面。

实用艺术之母是贫乏，审美艺术之母是富余。实用艺术之父是知性，审美艺术之父却是天才，是某种形式富余的天才，其认识能力的过剩足以超越为意志服务所需要的程度。

注释

[1]　本章（第 34 章）与第 1 卷第 49 章的内容相关，参见第 328 页。——德文版原注。

根据 Arthur Schopenhauer Sämtliche Werke Band Ⅱ , Stuttgart, 1986, S. 521—527 翻译。

"人文主义诉诸的是乐观主义并因而大错特错，片面而肤浅——40 年前在歌德与席勒作品中占据主导地位的所谓浪漫主义，冉冉升起般地挑战了人文主义的统治霸权——浪漫主义指向了基督教的精神之所在，浪 漫主义告诉我们，基督教即是悲观的。"（《叔本华遗稿》第 4 卷下第 12 页，慕尼黑，1985 年版）叔本华生活的欧洲正是浪漫主义兴起勃发的时代，浪漫主义崇尚想象力的扩张，借此将人的存在及其本质生动地彰显出来，某种程度上浪漫主义也因而带上了悲观与神秘的色彩，叔本华的哲学在这一点上与之毫无疑问是相呼应的。比如，早期浪漫主义的虚无主义倾向，更强调感性、欲望与理性的对立，以及对人类本质性痛苦的关注，等等。

　　《论艺术的内在本质》选自《作为意志和表象的世界》第 2 卷第 34 章，从第 29 章《论对理念的认知》到第 39 章《音乐形而上学》为止，都是对第 1 卷美学思想的补充。所以要想清晰地了解究竟何为叔本华所言的"艺术内在本质"，就必须对叔本华美学思想的轮廓有一个基本的认识。粗略地说，可以归结为两个要点：一是直观（Intuition），一是（柏拉图式的）理念，将两者连缀在一起的则是想象力。三者合力构成了审美活动的全部意义。尤请读者留心的是，理念的直观在叔本华的思考中，不仅仅是一个纯粹的审美问题，理念与意志相关，世界因之将自己呈现了出来，艺术的内在本质在根本上指向了人类存在的本质所在。——译者注

对存在虚无理论的补充[1]

§142

虚无在人类存在的全部形式中流露出来,在无尽的时间中和无际的空间里,遇见时空中有限的生命个体;在永续的现在中,即在现实性的唯一存在方式之下;在所有事物的依赖性和相对性中;在没有本质存在(Seyn)的持续变易中;在得不到满足的持续期望中;在对抗死亡的持续抗争行动中,生命因之得以续存,直到被击败在地为止。时间与所有事物凭借时间并在时间中拥有的消逝性,都是纯粹的形式,生命意志奋斗不息的虚无性在此形式中向作为物自体不灭的生命意志本身启示自己。时间之所以为时间,因所有一切借助时间才有可能在我们的眼前,瞬间即化为乌有——所有一切实际的价值全部消失。

§143

凡是曾经存在的,现在既已不在,与所有未曾存在过的一样毫无轻重。然而所有现在是的，瞬间之后便曾经是，所以最不起眼的现在有的实际内容，都比最引人注目的过去有的要多，现在之于过去，恰似有之于无。

人突然惊讶地发现，在过去无数个千年中他未曾存在，但是现在稍纵即逝，他必须如前一般重新归入无尽的无之中。当我们的内心说，粗糙的知性必须以这种方式考察才能察觉到时间的观念性，这是绝对错误的。但是时间的观念性连带空间的观念性，却是解开所有形而上学谜题的钥匙。因为只有通过时空的观念性，事物不同于自然界中完全另类的秩序才有可能，所以康德才会如此伟大。

"现在是"只是在一瞬间中从属于我们的生命进程，尔后"曾经是"便永远占据了我们，我们在每一天的傍晚就开始变得虚弱。或许我们在对这一短暂的生命周期审视一番之后，会变得暴怒不止，尤其当我们还没有在我们本质的最深层根据上秘密地意识到，永不干涸的永恒源泉属于我们，无时无刻不以此而使生命时间的不断更新成为可能。

人们绝对可以在上述研究结果上建立这样一种理论，即享受现在和将现在认作生命目标的做法是最伟大的智慧，因为似乎惟有现在才是真实的，任何其他就都只是思维的游戏罢了。人们也似乎同样可以将之称为最臭名昭著的愚举，因为所有下一瞬间即不再是的东西，所有如梦一场全然消失的东西，没有任何为之拼搏的价值。

§144

我们的存在立足的根据和根基,除了流逝不止的现在别无其他。是故,人类的存在以永恒之动为其形式,我们持久追求的静的可能性并非包含于其中。这就好比某人向下坡跑,当他想要停歇时便会摔倒,只有不停地奔跑才不会跌倒——又好比刚好平衡立在指尖上的小木棍,好比行星,一旦不再继续向前转动,便会撞向恒星。所以,不静才是人类存在的形态。

这个没有任何一种形式的稳定性与持久状态的世界,所有的一切都被卷进永不止息的旋涡与变动之中,所有的一切都焦急地奔走着,急速地运动着,不停地前进与移动方能使自己恰好悬于一线之上——人不止一次地思考究竟什么是幸福喜悦。幸福喜悦所居之地,便是柏拉图所谓"持续变异与绝对没有存在"开启的地方:没有人是幸福的,倒不如说人耗其一生追求一个可能存在的幸福,这种幸福很少可能得到,所以就其目的而言,也只是为了使人以失望收场。通常当每个人遇到船难和失去桅杆时,首先都会游回港口避难(参阅席勒的《期望与满足》)。然而,他在纯粹由无止境的现在所构成的生命中,这生命现在走到尽头时,究竟幸与不幸,这个问题便无所谓了。

人们在生命中还应感到惊奇的事情是,能量巨大、繁复与不停止的运动竟是由两种简单的驱动力,食与色驱使生成的;两者使生命得以维系运转,无聊只能对之有少许的助推作用。食与色给那台操纵提线木偶的精密机器提供了第一推动力(*primum mobile*)。

　　如果我们对事物做更深入的观察，便会看到，无机物的实存体每时每刻都遭到各种化学力的侵入，最终被磨损耗尽，但有机物的实存体则相反，很有可能就是因物质的持续变动而被制造出来，物质的持续变动过程要求有不间断的活动注入，从而需要来自外部的助力。也可以说，有机物的生命就其自身而言，好比平衡立在指尖上的小木棍，必须永远处在运动之中；也就意味着都得不到满足，是常常更新重现的缺乏状态与无止境的贫困境遇。然而也只有借助这样一种有机生命，意识才是可能的。所以，这一切都是有限的人类存在；其反面即无限的存在，似乎应当被思考成既不以外部的入侵为前提，也不需要借助外力的辅助，从而永远恒定不变（αει ωσαυτωs ον），处在永恒的静中，

　　　　既不产生，也不消逝。

——柏拉图：《蒂迈欧篇》

没有变动、时间、多样性和差异性——对该存在的消极认识便构成了柏拉图哲学的基本音。这种存在，正是生命意志否定所需开启的。

§145

　　我们生活中的一幕幕场景恰似一幅粗糙马赛克图画中的小方块，近观没有任何的感觉，必须远远地欣赏才能发觉其中的美。这就是所谓令人期盼的东西总是后至，所以也是空洞的。我们在生

活中老是有盼望，盼望更好，却又常常对过去的岁月有悔恨莫及的思慕。现时存在之物不过暂时驻足，只不过被看成是达到目标的必经之路。所以大多数的人类在临终回首往事时，方才发觉他们的一生竟只是匆匆划过（*ad interim*），会很惊讶地看见，他们不曾注视不曾享受而任之匆匆流过的东西，竟然也曾是他们的生活，他们竟也在对它们的期盼中度过了一生。所以，人的一生通常都是被希望捉弄，把死亡搂在怀中起舞。

此外，个体意志的贪婪不足使生活中的每一次满足都催生出一个新的愿望，使人的渴望永无填满，永无止境！个体意志的贪婪不足，根本上在于意志就其能力而言是大千世界的主宰，一切世界之物都依附于意志，所以只有整体，无限的世界整体才能使之平息、满足，而不是由世界的某一部分。——当我们观察到世界的这位主宰如何稀释在个体现象中，便会了解了我们的同情感，与此同时是以何种方式产生出来的。

§146

当今这个精神阳萎的时代，人们通过对每种事物中不入流之物的崇拜，凸显出自己的时代来——"今时"（Jetztzeit）这个自以为是拼凑出来的五音不全的词汇，正可以贴切地标示这个时代，以至于好像这个时代的现时（Jetzt）就一定是现时（κατα εξοχην）本身，这种被带入的现时，便早就充当了所有其他现时的角色了——泛神论者更是厚颜无耻地说，生命就是如他们所宣称的"目的本身"。假如我们的存在便是世界的最终目的，那么这也是被设定出来的最愚蠢的目的了，还不如让我们亲自动手或是假借别的什么人之手自己设定。

生命首先将自己以一个任务的形式展示出来，此一任务便是保存生命，满足生计所需（*de gagner sa vie*）。如果完成了这项任务，则完成行为本身又成为了负担，而且第二项任务便随之冒出头来，也就是支配和安排得到满足的生活，以抵御无聊的侵袭。无聊像一头不怀好意的猛兽，吞噬着安逸的生活。总而言之，生命的第一项任务是赚取生计所需，第二项任务是使人对其赚取的东西无所感觉，否则这些东西本身又成了负担。

倘若人们想要对人类世界的整体有一个一目了然的认识，那么人类所瞥见的必定是一场围绕生存与存在的永无休止的争斗，一场暴力的竞逐，倾尽身体与精神的全部力量，每一瞬间都受到威胁，经历着所有种类的灾祸。并且如果人们随后再仔细考察一下人类为所有这一切付出的代价，考察一下人类存在和生命自身，那么还会发现，在这些状态中，还存在着某些不痛不痒的缝隙，无聊马上便在这些缝隙中发起攻击，迅速地遏止新的贫困状态兴起。

贫困之后立马出现无聊，即使更加聪明狡猾的动物也不能逃过其害。原因在于，生命没有真正高贵的内涵，却赤裸裸地被需求和假象带入运动之中；一旦停顿，那彻底惨白而空虚的人类存在便浮出水面。

之所以说人类存在是某种形式的歧途，充分地基于一个简单的注解，即人类是由各种需求拼接起来的组合，费尽艰辛地满足这些需求的，除了将一种不痛不痒的状态提供给人类之外，别无其他本事。而人类在这样的状态中已经向无聊低下了头，无聊恰恰证明了，人类存在本身没有任何的价值，因为无聊就是对人类存在空虚的感受结果。假如因此人们说生命在追求那一状态之时，便构成了我们的本质和存在，但似乎也就自己有了一个什么积极的价值和真实的内涵，那么恐怕根本就不会再存在什么无聊了，而是纯粹的人类存在本身就可以令我们感到满足，可以填补我们的空虚。但是，我们能够因为存在本身而感到快乐的，要么是在拼搏奋斗中，遥不可及的东西和各种各样的阻碍欺骗着我们，使我们以为达到目的即可满足——这一假象在目的达到之后随即消失；要么是使自己忙碌于纯粹的知识活动中，在根本上从生活中抽离出来，从外部观察生活，就像剧场包厢里的观众一样，除此以外，没有其他可能。就连永不停止追求的感官享受，一旦达到了自己的目的，也会停顿下来。事实上，我们常常并不是被两种情况之一种所困，常常返回到人类存在本身，也就是我们的生命被人类存在的空洞化与虚无性翻转了过来——这便是所谓的无聊。甚至连内驻于我们之中的，对奇迹壮观之物不灭而渴望的追逐也都在告诉我们，我们是如何乐意见到，事物运行的极其无聊而自然的秩序是如何覆灭的。伟大事物的壮丽与高贵也是如此，无论怎样富丽堂皇，无论人们怎样欢庆鼓舞，根本上都不过是徒劳的努力，徒劳地想要超越我们存在的本质贫乏性。我们不如摆在阳光下看看，究竟宝石、珍珠、羽绒、火烛环绕着的红色天鹅绒，戴上面具的服饰与装扮等东西是什么？——现在便是非常幸运了，还没有人曾经感觉到这一点：人们似乎早就喝醉了。

§147

最完美的生命意志现象，在人类有机组织构成的人工精密器具中呈现自己的生命意志现象，却必须化为尘埃，其全部的本质与奋斗最终以耀眼的方式归于毁灭——这是任何时候都诚实而正直的自然说出的最朴素的话，即意志的全部奋斗根本上是徒劳的。假如说意志的奋斗还有什么价值，有什么无条件必须存在的东西，那么意志的奋斗就不该把毁灭消失当成目标。歌德的优美诗歌（《精神—享受》）便是由这种感觉生发出来的：

> 颓败老旧的钟楼上高高站着的，是高贵精神的主人。

——推导出死亡必然性的根据首先在于，人类只是一个纯粹的现象，而非物自体，也就不是什么真实的存在物（οντως ον）。因为要是人类是真实的存在物，人类便不能消逝。就连作为所有现象根据的物自体都只能在现象中以此种方式呈现自己，也只是算物自体的一个特征而已。

我们的开端和结尾之间居然横亘着这么一段距离！生命的开端开启了情欲，疯狂点燃了欲望的火苗，生命的结尾摧毁了所有的器官，散发出尸体的阵阵腐臭。用幸福健康和生命享受衡量的话，从开端到结尾，我们的生命之路一直在走下坡：快乐幸福如梦般的童年，愉悦的青少年，劳累的中年，虚弱呻吟不止的老年，被临终前的疾病折磨，最后还要经历与死亡的搏斗——难道这一切不正像是说，人类的存在是一场错误，错误的结果却要逐渐地一点一点地揭示出来？最正确的用词莫过于说，我们的生命是一场 *desengano*，即一场骗局——人们有足够的理由有意视之不见。

§147a

以微观的角度审视我们的生命，则生命是一个不可分割的点。我们用空间和时间这两块强大的透视镜透视该点，将之放大到最显眼的程度观察。

时间是我们大脑中的一台仪表，其功能是通过时间的延续，在事物和我们自身完全虚无性的存在之上，制造一个现实性的假象。所以人们后悔和抱怨在过去的岁月中没有把握住这个或那个幸福的机会，没能抓住享受的时机，是多么的愚蠢！要是抓住了那样的机遇，现在能更多地得到什么？亦不过是记忆中干瘪的木乃伊，也和其他所有曾经对我而言是实实在在的东西一样。然而，时间形式自身却充当工具，把所有尘世享受的虚无性也一并塞给了我们，正如我们所估计的那样。

我们的存在与所有动物的存在，都不是什么结实巩固的存在，就算在一段时间里顽强不屈的存在，却是一个纯粹的匆匆流过的实存（*existentia fluxa*），构成实存的只有更新变化，好比一个池塘中的漩涡。虽然肉身的形式只在某个时期内勉强地保持，却是以物质不停止的变易生成为条件的，也就是以新旧交替为条件；而所有生物的主要义务与此相符，也就是要不断制造出处在此种流动活动中的物质。同时他们自己也会意识到，正如我们曾提及的，他们的这种存在只能在一段时期里保存。所以他们在退场时，努力把自己的存在转移到别的什么身上，新的存在可以占据他们过去的位置。这种努力在自我意识中以性冲动的形式显示，在对外物的意识中，即在客观的直观中，以生殖器的结构显示。如果人们可以把这种冲动比作一串珍珠链上的链条，那么前赴后继一闪而过的所有个体就是上面的颗颗珍珠了。假如人们可以想象一下，如果加速个体前赴后继的过程，提速的不仅仅是全部个体，同样也使单个个体加速前行，便会发现形式永远保持不变，但材料却常常是新的；那么人们心里便会明白了，原来我们有的只是一个半吊子的存在。这样的体悟也正是柏拉图理论的根源，柏拉图提出了实存理念，并认为对应理念的物质有影像的特性。

我们存在的必要条件（*conditio sine qua non*）就是物质持续的新陈代谢，作为物质的养料，而物质的需求总是不断地出现，由此也就证实、说明与直观证明了，我们是纯粹的现象，是物自体的反面。因为在物质中，我们就像那些油烟、火苗、水柱等现象一样，一旦代谢停止便变得苍白或停顿。

人们还可以说，生命意志也在一些显著的现象中显示，但这些显著的现象也要全部归于无。这种无连带各种现象内在于生命意志之中，立于自己的根基之上，诚然是晦暗不明的。

如果人们从以宏观之姿对人类种族及其转瞬即逝的虚假存在剧烈急速更替的现象审视一番，将目光投到人类生存的细节上时，正如某出喜剧上演的那样，我们现在得到的印象，与用显微镜观察到的现象比较一番，当我们用显微镜观察一粒布满了纤毛虫的水珠，或者观察一块小到看不见的爬满螨虫的奶酪时，会对这些生物的勤奋搏斗与相互争执感到可笑。因为无论是身处斗室，还是存活在那最为短暂的时间中，伟大而庄严的活动都是可笑的。

注释

[1] 根据 *Arthur Schopenhauer Sämtliche Werke* Band Ⅴ，Stuttgart，1986，S.334—342 翻译。

关于泛神论的一点看法[1]

§68

当前在哲学教授中有关有神论和泛神论的争执,如果可以用寓言和戏剧式的语言描述,好比在米兰剧院的大厅里正在上演各种剧目时,发生在某两个人之间的一段对话。其中一位斩钉截铁地说,应该欣赏吉罗拉莫[2]的伟大不朽的木偶剧,他为表演者熟练驾驭木偶与出色演绎剧情的艺术所折服;但是另一位不赞同他的意见:完全不是这么回事! 我们应该去米兰歌剧院,在那里表演者和他的观众一起互动,并且真正地深入到在场的观众中,有时连编剧自己也参与进来。

看看哲学教授们如何把泛神论学说当成一个禁果,与之暧昧不清却又没有勇气追求她,也是一种很有趣的娱乐活动。我已经把他们的种种可笑行径在《论大学哲学》(第 4 卷,第 229 页)中淋漓尽致地描刻了出来;他们的拙计还会使我们想起《仲夏夜之梦》一剧中的韦伯·波顿[3]。啊! 哲学教授,酸溜溜! 这些人首先要照着政府里部长们吹出的笛声起舞,在他们确实出色地完成了这项任务之后，又会被外面伺机的野生食人兽攻击，也就是遭受真正的哲学家们的打击。若这些食人兽寻机逮着其中一个，为了让自己的学说论点能愉悦看客，便有意把这位哲学教授当成木偶剧中的丑角（Taschenpulcinello）特意向观众指出来。

§69

我反对泛神论的主要理由是，只不过是因为泛神论什么也没说。世界即神，并不意味着对世界的解释，充其量不过是世界这个词语另一个多余的同义词，继续丰富了我们的语言而已。无论你们说"世界即神"还是"世界即是世界"，最后都不过是要落回到同一点上。然而，若是人们还要把神看成是给予之物和必被解释之物，并以此把神说成"神即世界"，那么或许在某种程度上用已知（notius）推出未知（ignotum）这个方法可以找到一个什么解释的。当然，充其量只是一个对词语的解释。但若人们以实际给予之物，也就是以这世界为立足点，然后说"世界即神"，那么人们会惊讶地发现，他等于什么都没有说，或者说至少是用未知推未知（ignotum per ignotius）这个方法是无法解释的。

其中的缘由便在于，泛神论是有神论的前提，是先于有神论而出现的。因为只有当人们把神当成已经先在的、熟悉了解的事物看待之后，人们方才可以把神与世界合而为一。根本上就是要用一种优雅得体的方式，把神消灭掉。人不可能毫无约束与防制地把世界看成必须被解释之物，但是却可以自由地将世界当成被给予的。只是当刹那之后，人们怀揣被给予之物却不知何所往之时，世界才承担起其应有的角色。此即泛神论的起源。因为从发端之初处在无拘无束状态的人类，其中不会有任何人突发奇想地认为，世界是为了一个神而存在的。如果真有这样一位神存在，那么显然也是一位暴戾降灾的瘟神，他的乐趣除了降临于世，降临于此现世，于此饥贫交迫的现世之外，再无其他可言。为达此目的，而以千百万无数活生生惶恐不安受尽煎熬的生命为形式，所有这些生命虽都是短暂停留于世，却还要互相残杀对方，以之为食，使生命没有底线毫无目的地忍受无尽的灾祸、困苦与死亡的交织折磨。好比六百万黑奴，使之身躯每日平均要遭受六千万鞭笞之苦；又好比三百万忍饥挨饿愁眉不展的欧洲妇女，使之在潮湿发臭的贫民窟或暗淡绝望的工厂车间里，发出软弱无助的呻吟之声，如此等等。这一切似乎便是这位神的消遣娱乐！但这位神似乎本该不是这副模样。[4]

正因如此，当人们严肃地对待有神论而不再仅仅只是将其看成伪装的否定行为，如上文揭示的那样，那么从有神论向泛神论的所谓巨大进步，也就成了从不可证明与难以思考向全然荒谬的过渡过程。因为即使与神这个词语相关联的概念，也可能变得模糊不清、摇摆不定与模棱两可。所以与神这个词语有关的两个谓语，即最高的权力与最高的智慧，也就不能分开存在。那么，认为具备了最高权力与智慧的生物，居然还愿意置身上文描绘的世界中，不啻为一个荒唐至极的想法。因为我们在这世上的处境无须多言，是任何具有智慧的生物都不愿置身其中的，更不要说那全知的生物了。泛神论是必然的乐观主义，并因而是错误的。但是有神论正相反，是完全不可求证的，人们很难思考说，这个无穷尽的世界是某个人格化生物，即某个个体化生物的杰作；而且在此前提下，我们只能依靠动物性的本能窥视其间的原委。不过，有神论却并非是荒谬的。因为当一个全能从而全知的生物创造了这个苦难的世界，我们便不再追问一个为什么时，倒总是还可以留有使人思考的余地，当人们把最高的善这一品格加在神的身上，神谕的不可探究便成了有神论的避难所，躲在该避难所里的某种神学理论，总是能避开人们对其内容荒谬性的指责。但是在泛神论的设定之中，创造世界的神自己也被折磨着，神在这块小小的土地上每一秒钟都可能就此死去，而且还是出于自愿的结果：这简直荒唐。说这个世界与魔力同义或许还更正确一些。令人钦佩的《德意志神学》的作者其实便是这个意思，在其不朽著作的第 93 页，他写道（根据斯图加特 1851 年的重新修订版）：

> 所以说邪灵是与自然合而为一的，只要是自然不能逾越的地方，便也不能逾越邪恶的敌人。

显然泛神论者们把轮回称作了神，而神秘主义者们把涅槃当作了神。只不过佛教徒不会像神秘主义者那样，超出他们可以理解的范围而对之过分理解，佛教徒眼中的涅槃是一个相对的无（空）。——犹太教堂、教会和伊斯兰教在真正和正确的意义上使用了神（Gott）这一名称。假如有神论者都在神的名义下理解了涅槃的真谛，我们也就不再想与他们就名称再做什么争辩了。神秘主义者似乎就是如此理解涅槃真谛的人。"如果某人已经正确地理解了某事，我们就无须再在表达形式上来为难他了。"[5]（西塞罗

《论至善与至恶》Ⅲ，16）

　　如今的人们时常挂在嘴边的"世界即是目的本身"，其实并没有什么确定的内容，人们并不知道究竟是要用泛神论还是用纯粹的宿命论解释世界，只不过依照宿命论的假设，世界永远只能被解释成为实现某个更高的目标需要的工具而已，所以"世界即是目的本身"任何时候都只具有物理层面的内涵，而不会有什么道德意义。但是，认为世界只有物理内涵而没有任何道德意义的想法，也是一个最无可救药的错误，这源自精神的最大胆僭越。

注释

[1]　根据 *Arthur Schopenhauer Sämtliche Werke* Band Ⅴ，Stuttgart，1986，S.119—122 翻译。
[2]　米兰木偶剧院的指挥。——德文版注
[3]　莎士比亚的《仲夏夜之梦》中一个角色。——德文版注
[4]　无论是泛神论还是犹太人的神话，都未能将这个世界解释清楚，直到这世界自己呈现出自己。——叔本华原注
[5]　并未完全逐字逐句地引用西塞罗原话。——德文版注

论人类的形而上学需要[1]

除了人类，没有任何一种生物会为自己的存在感到惊叹；相反对他们来说，这样的存在是不言而喻且直接明了的，也就是说，他们察觉不到这点。我们通过从容地观察动物，自然界的智慧被道了出来，我们发现在动物界中意志与智力的互相分离程度还远远不够，还不能使之在再度的碰面中互相感到惊奇。此时的现象还牢牢地倚靠在自然界的起初根基上（这些现象也由此生长出来），从而只是部分地显示出伟大的自然母亲的无意识全知。直等到自然的内在本质（即生命意志在其客体化中）超越了两个意识稀薄的生物界，越过了漫长而又宽广的动物链，坚强硬朗而又愉悦自信地向上提升，自然的内在本质才最终呼唤理性的出现，这便是在人类中首次凝结出了思索：自然的内在本质为自己的那些杰作感到惊叹并自我发问，这东西究竟为何物。而且一旦自然的本质于此第一次借助意识与死亡碰面，且在存在的终结性问题上，或多或少明白了所有努力都是徒劳的时候，它的惊叹则会更加的真实。带着这种惊叹，怀揣这份思索，仅为人类独有的形而上学需要延伸了出来，所以人类是"形而上学的动物"（*animal metaphysicum*）。人类在其意识的起初阶段当然也是直接明了的,但是这种状态维持不了多长;相反,对自身存在的惊叹其实出现得也很早。就在首次反思思维生成的时候,惊叹亦出现了,这惊叹在不久的将来必将化为形而上学之母。亚里士多德在《形而上学》的开篇中亦如此表述道:

> 因为自古至今,人类因惊叹而开始哲学思考。

不过真正的哲学天赋首先还是要看,人有无面对习惯性与日常性的事物发出惊叹的能力,也就是人有无能力把现象中普通的东西变成他的思考问题。与此不同,研究者们在实证科学[2]中只为经过筛选与稀少的现象惊叹,至于他们关心的问题,则彻底只是把这些现象带回到更为人熟知的地方。一个人的智力水平越低下,于他而言存在[3]本身的谜团就越少,在他面前一切就显示为如其所是的那样,也就是直接明了的。缘由在于他的智力依然在忠实地履行着自己的原始职能,作为动机生成的媒介为意志服务着,从而继续作为世界与自然的融合体,依旧与两者牢固地拴在一起。于是对他而言,要想从存在物的整体中剥离出来,与之对视相遇,并且暂时独立而纯粹客观地把捉世界,似乎还遥不可及。不过相反,凭借高度发达的智力而在此生发出来的哲学式的具体惊叹,也是有条件的。就是说,无论如何也不可能只是依靠此种智力(就发出惊叹);倒不如说是对死亡的认知,与贴近死亡时对生活的困难与痛苦的观察,毋庸置疑地为之注入了最强劲的推进剂,促发人进行哲学式的思索与形成形而上学式的见解。倘若在我们的生命中没有终结，没有疼痛，或许也就没人会突发奇想地问，这世界为何如此以及为何恰巧就是这番模样了。那样一来，所有的东西都是不言而喻且直接明了的了。与此种情形相符，由哲学的抑或宗教的体系唤起的思想需要，都将其立论点无例外地放在了一个信条上。这信条说，死后还有任意一种形式的继续存在。尽管各种宗教体系看上去都将神的存在问题摆在了首要的位置，并且竭尽所能地辩护，但根本上仅仅是因为，那些宗教体系已将其不灭性之信条系于神的存在[4]之上，且竭力维护使之与神的存在不可分割，对那些宗教体系而言这才是真正有意义的问题。一旦人们可以用另外一种方式，对不灭性之信条做出保证，对神明们赤诚的热情便会马上冷却，而且一旦不灭性的完全不可能性反过来在他们面前被证明出来，那样的热情亦会马上给全然的冷漠无情腾出位置。理由是对神存在的兴趣与更深入探知神的希望，会因此一同消失殆尽，直到残存着一种想法，即现实生活中的消极变故与神的可能影响联系在了一起。然而，要是有人确能证明死后的继续存在（因为继续存在曾将神明的原初性[5]设为了前提）与各种神明的存在是不能兼容的，则人们会立刻为了自身的不灭性而牺牲众神，然后再热忱地追寻无神论。基于此种理由也可知，为何真正意义上的各种唯物主义体系，就像那些绝对的怀疑主义一样，从未能产生普遍与持续的影响力。

在所有国家中，在一切时代里，庙宇、教堂、宝塔和清真寺辉煌而雄伟，无一不见证了人类的形而上学需要，强大的且扑灭不尽的人类形而上学需要紧随在人类的生理性需要之后。谁若是乐于讽刺，完全也可以说，那形而上学的需要像是个羞涩的小伙子，他只要有少许食物充饥便知足，只要很早就对他进行足够的灌输工作，笨拙的寓言故事和乏味的神话有时也能让这小伙子得到满足；那些有关他生存的见解便可令他满意了，并且能成为他道德的支撑。形而上学的能力并不总是与形而上学的需要步调一致。事实上，虽然我们现在生活在同一块地表上，形而上学的需要在远古时代却是另一番模样，相较于我们，古人在接近人类物种发源和有机自然界起源的程度上有明显的优势，一方面他们在直观的认识力上有更大能量；相比而言，另一方面有更正确的精神状态，由此他们有能力更纯粹而直接地把捉到自然的本质，也就能够做到以更有尊严的方式满足人类的形而上学需要，如在婆罗门的祖先和埃及羽型墓葬[6]中诞生了许多超越人类的想法，以后记录在《吠陀》与《奥义书》中。

有一种人世界上永远不会缺少，他们把自己的生计放在了人类的形而上学需要上，挖空心思最大限度地榨取其中的利益，在所有的民族中都有那些以此为生的垄断者和大地产主：神职人员。他们总是要通过一些手段确保（垄断）自己的手艺，在人尚年幼时，即在人判断力尚未从晨睡中苏醒的时候，也就是在童年的初始，他们享有权利对人灌输形而上学的信条。因为就算内容有多么的荒谬，那已被嵌进去的信条也会永远附着其身。要是等到判断力成熟以后再下手，他们的优势恐怕难以为继。

第二类人从人类的形而上学里讨生计，尽管数量并不算多，他们构成了靠哲学生活的群体，希腊人称他们为智者，现在的人管他们叫哲学教授。亚里士多德（《形而上学》第 2 章第 2 节）毫不迟疑地把西兰尼的阿瑞斯提普斯[7]也归入智者的行列：我们可以从第欧根尼·拉尔修的书中(第二卷,65节)找到相应的证据,书中说阿瑞斯提普斯是苏格拉底主义者中第一个向人收取哲学费用的人,为此苏格拉底把阿瑞斯提普斯送来的礼物退了回去。在那些靠哲学生活的现代人中情形亦如是,除了极少一些例外,一般说来他们不仅与为哲学而生之人有天差地别,甚至还是他们的死对头,是他们秘密的不能和解的仇敌。因为每一份真正而有分量的哲学成就都会给那些人的成果投下无比多的阴影,而且为哲学而生之人无论怎样都不会按照哲学行会的意图和限制处事;由此那些靠哲学而生之人每时每刻都绞尽脑汁堵防这些成就的出现。依据每个时代的具体要求,他们惯常的手段要么是隐瞒、掩盖、沉默、忽略和封存;要么是否认、矮化、指责、嘲讽和怒目相向;再要么是举报和通缉了。然而,依然有伟大的头脑即使不被承认、不受尊崇、没有报酬,一辈子都气喘吁吁地支撑挺过,直到他最后死去时,这世界都对他感到失望,当然他对这世界也如此。那些靠哲学而生之人此时则实现了他们的目的,通过各种手段阻止了他,让自己的学说大行其道,和老婆孩子靠着哲学生活了下去,而他则是为了哲学而活着。可是一旦他死去,事情便颠倒了过来:那些惯用伎俩者的新生代却成了他成果的继承人,他们按照自己的尺寸对之裁剪,而且现在要靠着他过生活。然而,康德的状况极其少见,康德能够同时既为哲学又靠哲学生活,他是继马尔库斯·奥列里乌斯[8]和弗拉维乌斯·克劳狄乌斯·尤利安努斯[9]之后,哲学家首度再荣登王座之人,而且也只有在这样的视角下审视《纯粹理性批判》才能闪耀光芒。不过我们也看到这位国王险些驾崩,康德作为哲学行会的成员,出于恐惧对自己的杰作做了修改、阉割和摧残,即使这样迎合，康德也很快陷入丢失职务的危险境地，以至于布伦瑞克的坎佩[10]不得不向康德发出邀请，请他前往坎佩处，作为坎佩家族的首席学者（Oberhaupt）与之同住（林克[11]著《康德生平》，第68页）。至于大学里的哲学基本上只是骗子的把戏，其真正的目的在于，在学生们思考的最深根基上带入一种精神方向，而由教授们把持的政府部门依据他们的意图，操控了此一精神方向。在政客眼里这样的政府部门完全有其存在的正当性，理由在于这些讲台上的哲学不过是个"由人操控的提线木偶"（见贺拉斯的《对话集》[12]，2，7，82）罢了，不是严肃认真的学问，只是供消遣的哲学。政府部门向讲台哲学渗透的操控和引导行为，任何时候看来都是划算的，因而没有必要再向真正的哲学渗透，因为真正的哲学严肃而认真。因为如果这世上有什么东西是值得追寻的，那东西真是如此值得追寻，以至于哪怕是粗俗和愚笨的大众在其沉思的瞬间，也会把那东西当成比金银还珍贵来珍惜，就像是一束光亮照进了我们存在的黑暗中，其中任何一条启发都向我们揭示了像谜一样的实存[13]，这实存里本来除了它的贫乏与虚无外，没有什么是清晰的。然而这种东西不是靠着急迫和强迫的各种问题解决方法就可以得到的，而是成熟的、自我实现的东西。

现在我们就将各种不同的满足方式（针对强大的形而上学需要），置于一个普遍性的考察活动之下。

在"形而上学"概念下，我认为任何一种所谓的知识，即任何一种超越了经验可能性，亦即超越了自然或者超越了物的被给予现象的知识，目的在于告诉我们关于一件事情的解释，由此形而上学在一种或者另外一种意义上似乎是有条件的，或者用流行的说法，是关于这样一件事情，即什么东西隐蔽在自然后面，并且使自然成为可能。知性能力巨大的原始性区别，加上需要大量闲适时间的知性教育的差别，使人类之间也产生了巨大差别，以至于一个刚刚脱去野蛮状态的民族，依然不能诞生出适于所有人的形而上学。所以，我们只在那些文明开化的民族中，总是看到形而上学有两种截然不同的形态，一种形而上学的认证在其自身，另一种认证则外其自身。因为第一种形态的形而上学体系为了认可其认证结果，要求思考、训练、闲适和判断，所以人类中只有极少数人能够通达这一类的形而上学，也只有在发达的文明中才能产生和保存下来。对于人类中的大多数而言情况则相反，他们并不具备思考的能力，只能去相信，他们对理据没有接受力，却易受权威的影响，对他们来说只有第二种形态的形而上学体系才适用。这样的形而上学因而又可称作大众形而上学，可以与民俗歌谣，抑或是与民间智慧相提并论，在这些东西底下民众领悟到的仅是些关键词汇罢了。这样的体系亦以宗教的名称为人所熟知，撇开最野蛮的民族不论，这样的体系在所有的民族中都存在。如上所言，这些体系的认证是外在的，被称作启示，透过象征和神迹证明自己。他们的论据基本上就是威胁，即针对永恒苦难，也针对暂时性苦难发出的威胁，立意反对无信仰者，也就是反对纯粹的怀疑者。作为"神学的最后证明根据"，我们在一些民族中发现了柴火堆或相似的东西。倘若他们要去寻找一个新的认证或者动用其他的论据，则他们就在构造一个向一类形态体系的过渡，从而变质成两者的一个中间产物，结果弊大于利。为了长期占据人头脑而需要的最安全保证，给了他们一个不可估量的优势，即让幼童接受他们的教育，也就是让他们的信条以次生性智力的方式植入其中生长，好比是嫁接树木上的一根枝干，一类形态的体系则恰恰相反，只能诉诸成年人；二类形态的体系在成年人中每每遇到的是要对之说服。——尽管两种形态的形而上学差不多是靠说服理论和信仰学说的不同区分，但也有相似之处，当中任何个别的体系都与其同一形态中的所有其他体系处在一种敌对的关系中。一类体系之间的战争以"文与词"为武器，二类体系间的战争则用"火与剑"。其中有的体系还要部分感谢后面这种形式的争论，他们能够因此不断扩张，后来所有的体系在他们内部就慢慢地把世界瓜分掉了，甚至获得了决定性的权力，竟然使各个民族不再按照国籍和政府区分和分类。也只有他们是在其各自的辖区里皆为独断性的，一类体系却相反都是宽容性的，缘由在于他们信奉者的人数实在是太少了，丧于"火与剑"的争斗而不珍惜的事是万难发生的。尽管有的时候似乎出于必要，二类体系被富有成效地用来反对他们，如此一类体系极少能扳回局面。多数的情形却是统治一域的某二类体系通过规范一类体系，使其学说或多或少向二类靠拢，使一类体系仅容身于驯服与屈服之中。有时候该二类体系不仅只是将其制服，甚至还要让之为自己服务，当作标签使用。不过此种做法亦是一次危险的实验，因为那些一类体系由于被暴力强加，自己便认为允许借助欺诈手段，更绝不能摒弃在背后下手的诡计方法。然而，这诡计有时候却出人意料地爱过分炫耀自己，很难抚平创伤。原因在于其危险性绝对会陡然上升，也就是当全部的实证科学（即使最无辜的也不能幸免）结成了一个反抗那些二类体系的秘密联盟，没有公开与之处在战争状态，却突然且无法预料地在这些实证科学领域内招致巨大的损失。另外，想通过上文提及的使一类体系为己服务，以实现自己目的的尝试，就要一个体系，一个原本在外部获得认证的体系，却从其内部获得，这种尝试从其本性来说是不明智的。因为若它真有能力取得这种认证，那么它所要求的压根就不会是什么外在的东西。况且想要在一座完工的建筑下再筑上一层新的地基，本身就一定是一次巨大的冒险。难道宗教居然还需要哲学的选举投票[14]吗！宗教已经是应有尽有了：启示、证书、神迹、先知语言、政府（方面的）保护、最高头衔（正如其给予真理所应得的）、所有人的赞同与尊崇、数以千计的寺庙，在那里布道与练习、宣誓效忠的教士团以及超越以上一切的不可估量的优先权，允许在懵懂的孩提时代注入他们的学说，如此其学说变得仿佛先天的理念一般。手头上有这些宽裕的手段，假如还想赢得可怜的哲学家们的赞同，宗教则必须更加贪婪；或者考虑到两者的矛盾，又必须装得更加胆怯，让自己看上去很有良心。

　　上文提及的形而上学的一类与二类的差异，还牵涉出以下一种差异。一类体系，即哲学，宣称并且也是有义务的，在其所有所说的东西中，在严格且严谨的意义上（*sensu stricto et proprio*）要求做到，因为哲学求诸思考和确证。宗教则相反，是为了数不清的大众而设的，他们既无验证的本事也无思考的能力，几乎绝无可能严谨地理解那些最为深奥亦最为晦涩的真理。宗教为此也有自己的义务，即只要求在转述[15]的意义上（*sunsu allegorico*）。真理无法在大众面前赤裸裸地显出自己。各种宗教中都能遇到的神秘仪式或许可算是寓意式本质的一个象征，也就是确信的信条，他们不允许自己被一次性清晰明了地思索，更不要奢求字字为真了。或许有人会说,某些全然的不可理喻性,某些真实存在的荒谬性,是一个完善宗教体系的本质成分。因为它们便是宗教寓意式自然本性的印记,是唯一适合普通感官与粗糙知性的方式,使之感受到似乎其所不能理解的东西;也就是说,宗教在根本上应付的是物自体一类,完全不同的一类秩序。在这类秩序面前,现象世界的法则(宗教必须在这些法则的规导下宣教)失效了,所以不单单只是不可理喻的信条,即使是可理解的,本质上都只是寓言和符合人类理解力的调试而已。在这一精神原则下,奥古斯丁还有就是路德,在我看来是牢牢地抓住了基督教的神秘内涵,是伯拉纠主义的对立面,伯拉纠主义使一切都跌入到平淡无奇的可理解性上。从这一立意点出发也就能理解,特图里安[16]何以能够不带嘲讽地说:

> 这是绝对可信的,因为它是毫无意义的……这是确定的,因为它是不可能的。

——《论基督的身体》第 5 章

宗教的此一寓意式本质也为宗教除去了哲学义务的证明,并且肯定为之摒除了检验一事,取而代之,宗教要求信仰;也就是说,一个自愿的接受,即事情就是这样的。因为如此一来信仰引导行为,寓言也必定被放在一个位置上,以便在实际的层面上将人们带到一个地方,这是真理严谨地要将我们带去的地方。所以,宗教有权晓谕那些信仰的人们一个永恒的极乐。我们看到,各种宗教毫无疑问把形而上学的职责(人类感到形而上学的需要是无法推卸的)当成重任,并且为了广大的人群(思考并不是他们的分内之事)

很好地履行了自己的义务,当然部分出于实际的目的是要作为众人行为的启明星,公开成为正直与德行的战旗。正如康德出色地解释过的,部分的则是要充当生命的各种沉重苦难中不可或缺的安慰剂。当各种宗教如其可能地竭尽所能,把人类提升到超越自己与超越了时间性存在的高度上,这便是宗教完全成为一个客观而真实的形而上学代表的时候:从中闪耀出宗教的巨大价值,宗教的不可或缺性。因为柏拉图这么说过,并且有权这么说:

多数人有教养,这是不可能的事。

——《共和国》6,(8,494A);Biptontina 版

相反,唯一的绊脚石在于宗教从来不肯承认其寓意式的自然本性,而是一定要声称自己是严谨真实的。由此宗教入侵到了真正形而上学的领地,并招致形而上学的反抗;这一反抗在任何时代都能爆发,只要那时的管束被挣脱了。——今日超自然主义者与理性主义者之间展开的争执,也建立在对宗教寓意式自然本性的误解之上。两者都想要严谨地对待基督教:在这种情况下超自然主义者毫不退却,几乎是深入毛发与肌肤般宣示维护对基督教的立场,然而却受限于时代的认知与大众教育,举步维艰。相反,另一类人尝试阐释所有为基督教特有的东西,而后总会剩下一些东西,既不是严谨的也非转述的,毋宁说是光秃秃的便宜货,差不多就是犹太教或者最多是肤浅的伯拉纠主义;再就是最糟糕的情况,下作的乐观主义完全不知真正的基督教为何物。此外,用理性解释宗教,亦将宗教置于形而上学的另一种类中,置于在其自身取得

认证的一类中；也即是说，放到了陌生的地基上，放到了哲学体系的地基上，从而也就陷入到争斗中。在这种争斗中，哲学体系在自己的战场上迎敌，也便是在怀疑主义的步枪射程内，在《纯粹理性批判》的重炮射击范围内。贸然前往，对宗教来说实在是狂妄之举。

对两种形态的形而上学最有益的做法应当是，一种与另一种间保持纯粹的隔绝状态，固守各自的领域内，以求能够围绕自己的领域，发展完善其本质内容。然而与之相反，人们在整个基督教时代全都在费尽心机，通过把一种形态内的信条与概念转变到另一类中，设法将两者黏合在一起，由此也使两者一起腐化了。此种情况尤其显著的是，今时今日出现在罕见的雌雄同体或是半人半马的东西中，即所谓的宗教哲学中，该种学说作为某种形式的诺斯替主义费尽心机，阐明现有的宗教，把转述意义上真实的东西用严谨的方式解释。其实仅仅是必须严谨地认知与占有真理的话，那样的说明也是多余的。原因在于想要从宗教中找到形而上学，这便是说，在严谨的意义上通过解释与转义找到真理，似乎本身就是一个错误且危险的举动；这便是说，如果确如其言，当真理能做的只是像铁石和其他一些非名贵金属一般，出现于一个矿化的而非一个纯化的状态中，于是人们只能通过矿化的还原法获取，也就只能下定决心做这种举动。

各种宗教是大众的必需，是为之不可估量的善举。可是一旦他们想要与人性在真理认知中的进步相对抗，则应当以最大的善意弃置一旁。况且主张一位伟大的思想家，如莎士比亚，如歌德，竟然干脆地、认真地与严谨[17]地服膺某种宗教中的信条，简直就像是在主张巨人去穿侏儒的鞋子。

　　各种宗教顾及广大人群的领悟程度，可以拥有间接的而不能拥有直接的真理：向宗教要求直接真理好比是不要印刷品，而要摆在印刷机模板上的字母。宗教的价值由此也就取决于其真理内涵，系于寓意面纱下所承载的真理内涵的大与小了，也系于其清晰性的多寡了。借助这样的清晰性，宗教的价值穿透那张面纱显露出来，也就是系于后者的透视性了。差不多类似的状况是，就像最古老的语言通常是最完善的，最古老的宗教亦是如此。假如我想将我的哲学成果树立为真理的典范，那么我就不得不承认佛教的地位高于其他宗教。无论怎样我都乐于见到，我的学说被认为与一个宗教产生了巨大的共鸣，这个宗教覆盖了地表上的多数人口，因其信奉者的数量远多于任何其他宗教。尤其更令我感到高兴的是，这样一种共鸣，我的确是在不受其影响的情况下，通过自我的哲学思考而获得的，因为直到 1818 年，也就是我的著作出版的那一年，对佛教的了解，在欧洲仅能找到极少一些极端不全和贫乏可怜的报道，而且几乎全部局限于《亚洲研究》[18]（*Asiatic researches*）较早期几卷的几篇文章中，涉及的内容主要还限于缅甸的佛教。从那以后，慢慢地有关此种宗教的一份完备报告才摆在了我们面前，这主要归功于功勋卓著的彼得堡科学院院士以撒·雅各布·施密特[19]。施密特在为科学院所做的报告中撰写了详尽与具有启发意义的文章，以及归功于后来逐渐越来越多的英国与法国学者，由此我才得以在我的著作《论自然界中的意志》中"汉学"一篇，列举出一份非常详尽的目录，收录了论述此种信仰学说的最优秀文章。令人扼腕的是，那位坚忍不拔的匈牙利人乔玛[20]，为了学习佛教的语言与经典，他旅居西藏多年，而且还在佛寺中修行过，正当他着手为我们整理其研究收获的时候，却不幸被死亡夺走。当我在乔玛临时报道中读到一些直接引自《甘珠尔》[21]的章节时，我掩饰不住自己的喜悦，比如下列一段对话，发生在即将涅槃的佛陀与尊崇他的梵天之间：

> "我今复问佛此义，所有世界，是谁所做，是谁所化？一切众生，是谁所做，是谁所化，是谁所加，是谁力生？"佛言："梵天，所有世界是业所作，是业所化，一切众生，是业所作，是业所化，业力所生。"[22]

——《亚洲研究》第20卷，第434页

我不能像通常的做法那样，把所有宗教的基本差异归结为要么是一神的、多神的、泛神的，要么就是无神的；而是以乐观的或悲观的区分，即是说看那些宗教描述此世界之存在时，是否从存在自身而为之辩护，也就是他们要么对存在进行褒奖和赞扬，要么则仅仅看成是我们的罪的后果，从而本质上是不应该存有的。缘由在于他们认识到，痛苦与死亡不立于永恒的、原初的与非变动之物的秩序中，不立于在每次的观察中才存在的东西里。那使得基督教能够首先克服了犹太教，尔后克服了希腊与罗马异教弊端的力量，全然只存在于基督教的悲观主义中；在于基督教坦白地承认，我们是最为贫乏且同时是有罪的；而犹太教和异教则相反，都主张乐观主义。那为每一个人深深地且痛苦地感受到的真理，像钉子一样敲打进去，在其追随者的行列中产生出解脱的需要。

现在我转入对另一类形态作形而上学的普遍性考察，即其认证在其自身且被称作哲学的那类形而上学。我犹记得在上文中提及哲学的源头来自对世界与对我们的存在发出的惊叹，这惊叹如谜团一般硬是出现在我们的智力面前，以致人性要不停歇地探求谜面。在此处我还是首先提醒读者们注意，我们似乎不能把这个谜团理解成依照现今时髦的形式与解释，斯宾诺莎意义下的、作为泛神论而经常被提及的一个什么"绝对的实体"，亦即一个什么"注定必然的本质"。因为斯宾诺莎的观点是，世界与一个极大的必然性共存，以至于除此以外任何一个其他的必然性，一个被我们的知性理解为如此的必然性，都只能被看成是一次意外了。世界也因而不仅只是包含了所有实际的存在，也把所有任何可能的存在包含在内，以至于正如斯宾诺莎所主张的，存在的可能性与实存性完完全全是合一的，存在的非存在也就成了不可能性本身；这样一来世界的非存在与异存在应当是全然不可思考的了，这世界也就尽可能少地假设为虚幻之物，就像时间与空间的存在那样。假如再大胆地假设，我们自身就是这个所谓绝对实体的部分、形式、特征和偶然物，这实体也就是那唯一在任何的意义下，任何时候任何地方都能存在的东西；那么我们的，也即有此特点的绝对实体的存在，想要成为一个惹人注目的、成问题的，也就是无法解释的、常常令我们焦虑不安的谜团，都会变得远不可及了。相反，倒不如说应该是直接明了的了，就像 $2 \times 2 = 4$ 一样直白。因为这样除了觉得这世界是这样并且如其所是的这样之外，我们不会再有本事思考别的什么了。就像我们是怎样感受到地球不可思议的快速运动一样，我们也将极少地意识到，这世界的存在还是这样东西，一个我们思考的问题。

　　可事情完全就不是这样。只有在无思考力的动物面前，这世界才呈现为直接明了的；在人类面前则相反，这世界是个问题，哪怕是最无知与智慧有限的人，也都可以在零星闪耀的瞬间里觉察到这一点。人越是透彻和冷静地思考这个问题，人越是通过接受教育掘取到更多的思考原料，这个问题就越是清晰与持久地闯入我们的意识，最后在那些适合哲学思考的头脑中，所有一切都升格为柏拉图的那句"惊叹乃系哲学之冲动"（《泰阿泰德篇》p.155D）。也就是都归入那声惊叹中，那一声惊叹在整体上抓住的问题，令一切时代与一切国家里的优秀人类不竭地探究，未有半刻的停歇。[23]事实上，正是这不安启动了永不停摆的形而上学之钟；正是这不安使人意识到，原来这世界的非存在如其存在一样是可能的。所以，斯宾诺莎关于一个绝对必然本质的观点，即认为有一个本质，全然地在所有的意义上都必须和应该存在，是一个错误的观点。连最粗糙的有神论宇宙论证明都指明，世界的存在要假设在世界的非存在之上，有神论由此也先把世界当成了一次偶然事件。进一步我们也能很快了解到，世界的非存在不仅是可以思考的，甚至还要好过世界的存在，由此我们对世界发出的惊叹，亦可轻易间孵化出一种命运，这命运虽曾召唤出自己的存在，却也因这命运那不可尽数的力量（这力量大到足以形成和维持世界存在），被引导着反对自己盘踞的优势。哲学式的惊叹根本上是错愕与多愁善感的，哲学就像《唐璜》的序曲，以小调和弦开场。[24]由此可知，哲学当既非斯宾诺莎主义，亦非乐观主义。上文对惊叹（促发了哲学思考）的特质做了更贴切的描述，可知惊叹的那些特质明白地来自我们对世界之灾祸与邪恶的观察。我们知道，即便灾祸与邪恶互相之间的关系再正当不过，即便善早已远远地压过了它们，灾祸与邪恶也依然完全地、通通地、本就不该再存在于世。不过因为无只能从无中生，所以我们必须在世界的原初或内核中找寻到灾祸与邪恶的胚胎。然而，对我们来说这一假设是非常难以理解的，特别当我们看到的是这个物理世界的巨大、秩序与尽善尽美，而且认为那创造了世界的力量，也必须有能力阻止灾祸与邪恶的出现。有神论最难理解这一假说（最贴切的表达莫过于欧玛兹特和阿利曼[25]了）。所以为了首先去除恶，意志自由被发明了出来，不过意志自由只不过是个隐秘的方式，以便解释何以从无中弄出物来，因为意志自由设定的是一个行动（*operari*），这行动非从存在[26]（*esse*）中来（读者可参阅《伦理学的两个基本问题》，第 58 页）。这样人们找到了从灾祸中解脱的办法，就是把灾祸归咎于物质或一个无法逃避的必然性，为此人们也很不情愿地把一个魔鬼丢在了一边，它才是本质上真正的为达此目的的手段（*expendiens ad hoc*）。死亡也隶属于灾祸，邪恶其实只是当每次灾祸来临时，人赤裸裸地将灾祸从自己转嫁给他人。但是，正如上所述，邪恶、灾祸以及死亡也都造就与升华了哲学式的惊叹，不仅仅是在论说这世界竟为此番模样，更揭露出这世界是极其令人悲伤沮丧的。此即形而上学的瘙痒处（*punctum pruriens*），是将人性带入不安的问题，是怀疑主义或批判主义所不能缓解的。

对世界诸现象的解释使我们忙于物理学（最广义的意义上），但是这些解释的本性却告诉我们，它们不能令我们满足。物理学不能只是在原地打转，物理学需要后物理学[27]，使之建筑于物理学之上,尽管有时物理学还要装作反对后物理学。因为形而上学对现象的解释用的是比现象还要模棱两可的东西,即自然法则——建立在自然力之上的自然法则。生命力也是自然力之一。当然现时世界或自然中的物,还是必须必然地以物理性的原因解释,然而实际上,人们还想在宽广的领域得到解释,这样的一种解释也必须同样是游刃有余的。可这样的解释常常在两个地方是不完美的(好比是两块腐坏的污点,或是阿喀琉斯[28]易受伤的脚踵,又或是露出马脚的魔鬼),所有被解释清楚的又由于两者的关系重新变成了不可解释的。第一处不完美在于,解释一切的因果链条之起点,也就是把变易连缀在一起的链条之首端,是无论如何也够不到的,我们只能像世界的界限围于时间和空间一样,不停顿地退缩,退入无限之中;第二处不完美在于,全部能发挥效用的原因(人们使用这些原因可以解释一切)总是立于一个全然的不可解释之物上,也就是建立在物的原始质量上,以及那些在物的质量中显出自己的自然力上。借助这些自然力,各种原因以特定的方式产生后果,例如,重量、硬度、冲力、弹力、热力、电和各种化学力,等等,就像在一个完全解决的代数公式里一个不能移除的未知数,它们仅停留在给定的解释中。从而可知,不会再有什么被人轻视对待的陶瓷碎片,不是由高调的不可解释的质量拼凑起来的。所以这两个在任何一个纯粹物理学的解释中,也就是在因果性的解释中不能逃避的缺失,都告诉我们,这样的解释只是一个相对真实的解释,其全部的方法与手段也不是唯一的,不是最终的,也就是不足够的。这便是说,对物的谜团未能给出令人满意的解答,未曾带领我们正确地认识世界与世界的存在;物理上的解释乃是因为作为

物理上的解释，必定还要求一个形而上学的解释，形而上学的解释
仿佛是解答物理解释所有前提问题的钥匙，因而启示出一条截然
不同的道路。我们迈出的第一步便是对二者的区别，即物理学
与形而上学的区别有清楚的意识并牢固地知道，这一区别大体
上建立在康德关于现象与物自体的区分上。不过因为康德把形
而上学解释为不可认知的，所以康德认为也就没有形而上学的
存在，而是纯粹的内在知识。意思是只有纯粹的物理学，该种物
理学永远只讨论现象问题，以及存在一个针对追求形而上学的
理性的批判。然而为了论证出我的哲学与康德哲学之间的接合
点，在此我要提前突出康德的第二本著作，康德在其中对自由集
合与必然性的关系作了精彩的解释（《纯粹理性批判》第 1 版，第
532—554 页；《实践理性批判》，罗森克朗茨[29] 版，第 224—231
页），即关于一次行为何以一方面通过人的性格、生活阅历给予人
的影响，以及通过当下施加于人的各种动机，被当成是必然发生的
而完美地解释出来；另一方面却又必须看成是自由意志的产物。
在《导论》[30] 中康德在相同的意义下说：

　　虽然所有的因果联系在感官世界里都屈从于自然必然
性，但是相反地，自由却依然向自身不是任何现象的原因（尽
管该原因是现象的根据）承认其存在，自然和自由能够被归为
同一种东西。只不过在不同的相互关系中，要么是作为现象，
要么是作为没有前后矛盾的物自体出现。

康德作为教授通过人类的现象给我们的，正是我关于自然界中现

象学说的延展，意志作为物自体成了那些现象的根据。但上述过程的首要目的还在于说明，我们不应当假定人与其他所有生物和自然界中的物是有别的、完全种类（上有别的）（toto genere）、从根上有区别的，倒不如说相互间只存在程度上的差异。——现在我从前提的跑题中转回对物理学缺陷的考察，给出关于物的最后解释。——我要说，所有的事物都自然可以在物理上解释，但是没有什么是可以解释清楚的。就像被推动的球体运动对大脑的思考而言，首先自身必须是一个可能的物理解释，该解释让我们认为，球体运动似乎就是那种思考。只不过我们以为完全理解的球体运动，根本上就和思考一样晦暗不明，因为空间扩张、不可穿透性、可动性、硬度、弹力和重量的内在本质，在经历了一切的物理解释之后，就像我们对思考的认知一样，依然是一个奥秘。但是因为在思考中不可解释之物以最直接的方式显现，所以人们马上从物理学中跳跃到了后物理学，并且假设有一种实体，其类型完全不同于所有的物体。——我们的大脑中被放入了一个灵魂。假如人未曾愚钝至极，只有最吸引眼球的现象才能使之感到诧异，那么人也曾经不得不用灵魂解释胃里的消化作用，植物的生长，试剂中的亲和力，石头的滑落等现象。原因在于每一无机物中的质量与生命物中的生命一样充满了秘密；出于同样的道理，物理解释也便止步于形而上学，物理解释被形而上学清除掉，便是说停止供给我们解释。人们要是严肃地对待此事便会说，所有的自然科学能做的，除了像植物学那样之外别无其他，也就是把同类整理到一起分类。如有一种物理学宣称，其关于物的解释——在个体上通过原因，在普遍上通过各种力量——确实是足够的，并且已经详细地道尽了世界的本质,那么这种物理学便是名副其实的自然论。从留基伯[31]、德谟克利特[32]、伊壁鸠鲁[33]降至"自然的体系"(*Systeme de la nature*,霍尔巴赫男爵[34]语),然后再观察到拉马克[35]、卡巴尼斯[36]以及近些年再度热闹起来的唯物主义,我们便可追踪到他们的足迹,知道他们下一步的尝试是要建立起没有形而上学的物理学,建立起一种把现象当成物自体的学说。他们作出的解释试图在解释者自己和他人面前,掩盖他们提前设定了主题这一行为,他们费尽心力地向人展示出所有的现象,包括精神上的都是物理性的。在这一点上他们还是说得有道理,只不过他们没有洞悉到,所有物理性的东西另一面同时又是形而上学的。没有康德的帮助我们也很难洞悉到,现象与物自体的区分才是前提。然而即便没有认识到这一区分,亚里士多德都与上述哪种局限的观点有距离,无论他怎样倾向于经验并且疏远柏拉图式的超自然主义,他说:

> 假如本质之物除了在自然之外并不出现在其他地方,那么物理学便是科学之首;又或假如确实存在一个不易的本质之物,那么该本质便是在先的。而关于此种本质的哲学则是第一性的科学,且因而是最普遍的科学,又因为哲学是第一性的,所以哲学的责任便是要研究存在之物。

如上所述可知,那种不给形而上学留下任何余地的绝对物理学,是要将被动自然[37](*natura naturata*)弄成能动自然(*natura naturans*)。这物理学是要凌驾于形而上学皇冠之上,可在这高位上的表演,就活脱霍尔贝格[38]笔下装腔作势的铁壶匠[39]被人当成了市长。在无神论乏善可陈与不怀好意的指责下，埋藏的是绝对物理学的灰暗概念，它撇开了形而上学，被当成是无神论指责的内在意义和给予其力量的真理。该种物理学无疑带给了伦理学毁灭性的打击，其行径与有人认为有神论是和道德不可分割的错误如出一辙。事实上与有神论不可分割的是形而上学，是一种认识，即自然的秩序不是物的唯一与绝对的秩序。"我信仰形而上学"，人们由此可以把这句话当作是所有正义与善良人士必须拥有的信条确立起来。在此意义上使人相信绝对物理学是不牢固的，就变得重要且必要了。更进一步说，绝对物理学，即本质上的自然主义无非是一种观点，人们因为自己，也常常因为他人的缘故自失其中，这一观点只有通过更为深刻的怀疑才能消除。也正是在这个意义上，只要各式各样的系统论述和信仰学说还在发挥功效，他们就可以代替绝对物理学承担起责任。一个根本错误的观点就使人不得自拔，只有通过人为的手段才能扫除，这无疑澄清了一点，即智力原本就注定了不会教授我们有关物本质的内容，而只是向我们展示与我们意志相关的联系，如我在(第1卷)第2章中所言，智力是动机生成的媒介。世界以一种方式在智力中图解自己，但其所呈现的秩序绝不是物的真实秩序，因为世界展示给我们的只是物的外在表壳，而非其内在核心，世界的运行是偶然的、暂时的(accidentaliter)，我们不能因此责怪智力；更不要说机会渺茫，让智力在自身内寻到方法，通过区分现象和物的本质自身来纠正那一错误。这一区分在任何时代都是存在的，只不过虽然大多时候完整地被人意识到，却诉说得不够完善，甚至还经常以怪异的扮相出现。基督教神秘主义者称智力为"自然之光"，但他们对智力的解释仍然是不充分的，还不足以把捉住物的真实本质。智力仿佛电一样的纯粹表面力，没有切入本质之中。

　　如上所述，首先纯粹自然主义的不充分性就暴露在经验的道路上：每一种物理解释都从原因的角度解释单个个体，但是所有原因的链条（我们先天并且是完整地确定知道）却要退回到无限中，从而必定也就没有一个原因可以是第一因。如此每一原因的真实性便要回溯到某个自然法则之上，而自然法则要回溯到自然力上；至于自然力必定是无法解释的。这个如此清晰地被给予的，如此自然地被解释清楚的世界，其中的所有现象从高到低却都要回溯到无法解释的东西上。这也恰恰暴露出，这样一种解释方式只是一种有条件限制的解释方式，好比只是基于被承认（*exconcessis*）的，绝非是真实而充分的，这也是为什么我在上文中说，所有物理上解释的没有什么可以解释得清。席卷所有现象的绝对不可解释之物，在最高的比如在最显眼的生殖现象中，以至于最低的比如在机械作用中，都是同质可见的。它们向我们指示一个与物的物理秩序完全异样的秩序，并且这一秩序还是物的物理秩序的根据，这便是康德所谓的物自体秩序，这便是形而上学的照准点。其次从哲学上的基本真理出发探究，纯粹自然主义的不充分性也为我们启明了道路。我们在该书的头半段已就这一基本真理做了详尽的考察，同时这一真理也是《纯粹理性批判》的主题。这一真理是说，所有客体性的东西，无论从其客体性存在还是从其存在的方式与样式（形式上的）上来看，从头到脚都是以认识主体为条件的；所有客体性的东西也都是纯粹的现象，而非物自体本身。正如我在第1卷第7章中相互引证与论述过的，人们照着唯物主义者的样式，盲目地把客体之物认作是被给予的而接受，以求从课题中引导出一切，而不用顾忌什么主体的存在。殊不知客体需借助主体，而且还确实要站立于主体中。我们现今流行的唯物主义便可胜任这种思想的样品，该种唯物主义早已经成了真正意义上的剃头匠与药贩学徒哲学，清白无辜而不假思索地把绝对真实被认定的物质当成是物自体，把推动力当成是物自体的唯一功能，其他所有的质量就只能是绝对物质的现象了。

　　靠着自然主义或纯粹的物理学观察方式，人们永远也够不着自己的目标，好比是手里握着一笔永远也结不清的账。无始无终的因果序列、不可研究的基本力、无限的空间、无始的时间、物质的无限可分性，通通要以一个在认识着的大脑为条件。只有在此大脑中才能像梦一样存在着，又毫不费力地消逝掉——造出了一座我们永远也转不出的迷宫。依此看来，各种自然科学在过去的所有世纪中被埋藏在了深深的阴影里，自然科学在我们的时代里所企及的高度，则是人类第一次攀到的顶峰。物理学上（在古人所理解的广泛意义上）所取得的巨大进展，在形而上学那里也不会变成哪怕最无足轻重的一步，就像通过不断的膨胀作用，物体的面积不会比所得到的容积多多少。因为只有对现象的认识因着物理学的这些进展而不断完善，形而上学则相反，越过了现象的界限追寻那后面的显现者。就算有一天我们获得了全部完整的经验，在我们的研究主题中也不会有什么情况变得更好，就算有人把所有的行星包括恒星都兜了个遍，也不会在形而上学上有丝毫建树。物理学的巨大进展，相反还会令人更深地感触到对形而上学的需要，原因就在于，虽然一方面不断被修正、扩展和丰富的自然认识对形而上学的提法，那些到此时还继续有用的提法，不间断地进行削弱乃至最后将其扳倒；另一方面却也使形而上学的问题更清晰、更正确、更全面，使我们知道形而上学的问题纯粹独立于所有单纯的物理问题，而且人在更全面与更准确地认识到了个别物体的本质后，也更急切地要求整体与普遍的解释，越是在经验上正确与全面地认识了单个物体的本质，这一本质越是迷雾重重。不过在一个从物理学中分离出来的支系里，一个肤浅的自然学者自然是对之全然不觉的，他更愿意在奥德赛的宫殿里相中一个女仆，与之共眠，而不对帕列罗帕抱有任何想法（参见第 12 章的结尾部分）。所以现今，我们仔仔细细地看到了自然之壳，细入发梢地认识了内脏蠕虫中的蠕虫，寄生虫中的寄生虫，但是若有这么一个人，比如我，却要来谈论自然的本核，他们是不会来听的，并且还会认为他所说的不在其探讨范围内，而继续在谷壳里收获粮食。于是人们试着把那些拿着显微镜、盯住细枝末节不放的自然学者，叫做闲事佬。认为平底锅与蒸馏瓶是真理唯一正确来源的人，在这种方式下与他们过去的对头经院哲学家一样迷糊。就像那些完全陷入到抽象概念中的人，纠缠在抽象的概念里，除此以外，认识不到也探究不到任何别的什么。所以他们也是完全陷入到经验中的人，除了眼见为实之物，不会任凭其他，而且以为由此便到达了物质的最后根据上；而没有察觉到，在现象与现象中自我呈现之物，即现象与物自体之间存在着一道深深的鸿沟，一个极端的区别。这一区别只有通过知识，通过对现象主体因素的准确界定才能解释出来，以及通过一种认识知道有关物质本质的最后与最重要的解释，只有从自我意识中产生出来。若全部没有这些，则对于感官中直接被给予物的认识，人连一小步都难以企及，更不消说想要生成思考问题了。不过在另一方面还要值得注意的是，最有可能完整的自然知识其实也是对形而上学问题的修正陈述，所以也没有人可以胆大包天地说，他不需要首先获取一个对自然科学所有枝干普遍的、根本的、清晰与整体的认识。因为问题必须先于答案。所以研究者的视野应当朝内转，原因在于智力的与伦理的现象比之物理的现象更重要。同样的道理，例如动物的磁性比起矿物的磁性，就是不均质的更为重要的现象。人类把最后的根本秘密带入了内在之中，这一秘密以最直接的方式向人敞开，由此人类只得希望从这里找到解开世界谜团的钥匙，把所有物的本质放在一条线索上理解。

> 你引导着生命之物的序列
> 从我眼前消逝，并教育了我与我的兄弟
> 在寂静的灌木丛里，在空气与水中认识到
> 尔后你将我带到更安全的高地，向我展示
> 我与我自己，
> 我胸中的秘密与深邃的奇迹揭示出自己。
>
> ——歌德：《浮士德》第一部，第3225—3234行

至于究竟什么是形而上学知识的源泉与基础，我已在上文中借着反对由康德不断提及的前提作了解释，那便是形而上学知识的基础立于纯粹的概念中。在任何知识中概念都不可能是第一性的，因为概念一定是从直观中提取而来。然而至于是什么引诱人们作出那样的假设，或许可以从数学的例子中得到解释。正如特

别是在代数、三角函数与分析中所展现的，数学完全抛弃了直观，能够使用纯粹抽象的概念，亦即使用以符号取代词语而呈现的概念运算，并且能够对一个全然安全的，从而遥远的结果提出要求，以至于若是牢固地坚守在直观的地基上，便不可能达到上述要求。然则数学可能性的基础却在于，如康德详实地告诉我们的，数学的概念是从最安全可靠的与最确定的直观中，也就是从先天以及直观被认知的大小关系中提取出来的；尔后数学概念才能常常被实际运用与控制，即要么在算数上依靠各种计算的运算过程，那些计算借助符号显示出来；要么在几何上依靠康德所谓的概念构造。不过，这一优势缺少了一些概念也是难以为继的，人们认为从这些概念里可以构造出形而上学来，比如本质、存在、实体、全能、必然性、现实性、终结、无限、绝对、根据，等等。因为此般概念根本上既非从天而降，亦非生而有之，而是如所有概念一样是从直观中提取而来的；又因为此般概念非如数学概念一样，是直观的纯粹形式，而是包含了更多的内容，所以经验直观才是这些概念的根据。这便是从这些概念中，除了经验直观所包含的，意思是似乎除了现象的事物，与除了人们更为安全地与第一手地从经验直观中获得的感触之外（因为那些概念的抽象化程度非常高），没有什么别的可以被创造出来。因为除了直观所包含的东西（从这些直观中生出了概念），从概念中没有什么别的可以被创造出来。如若人们想要纯粹的概念，这便是说人们若想要没有经验根源的概念，那么可被直接指明的概念只有那些，如空间与时间，涉及直观的纯粹形式部分；再如数学概念，最高阶段的因果律概念，因果律概念虽然不是从经验中得来，却要借着经验（首先是在感官直观中）才能进入意识之中,所以虽然经验也要通过因果律概念才有可能,但是(反过来)因果律概念也只有在其领域内有效。以至于正如康德所揭示的那样,因果律概念的功用纯粹只在于使经验关联在一起,而不是飞跃出经验,因果律概念只具有物理性的运用,而没有形而上学的运用。无可挑剔的准确性能给予知识的,也只有该知识的先天来源,其先天来源通过告诉我们,知识以智力的主体性特征为条件,将知识限制在了经验的纯粹形式上。那想要超越经验,远远地将我们带离至别处的知识所给予我们的,也只是经验的一个部分,是经验的形式部分,是确定为经验所固有从而也是普遍的那部分,也就是(经验)没有内容的纯粹形式。因为形而上学确实只是能够在最低的限度上限制在经验里,所以形而上学也必须拥有经验知识来源,而找寻一个纯粹先天形而上学概念的做法必定是在好慕虚名。康德在《导论》的第一章中再清楚不过地宣称,形而上学不允许从经验中构造出基本概念和基本命题,也就成了康德在证明上的一个确定的骗局(*petitio principii*)。由此自然会有人预先假定说,只有我们先于所有经验知道的,才能继续延伸成为可能的经验。在此观点之上,康德走过来向我们证明,所有这些知识除了作为智力的形式来满足经验的目的之外,别无他途,所有这些知识不能在此逾越;康德的确从中得出了关于所有形而上学不可能性的正确结论。然而当人们为了解开经验的,也就是为了解开唯独摆在我们眼前这世界的谜团,必须完全撇开经验来观察,忽略掉经验的内容,纯粹将为我们先天所意识到的空洞形式当成认识材料并使用的时候,这样的说法岂不是更显得颠倒混乱吗?关于经验的科学一定并且作为此种科学也同样从经验中汲取水源,难道不是更切近事实的吗？此种科学问题本身是在经验上被给予的，为什么对该问题的解答就一定不可以寻求经验的帮助呢？如若某人谈论物质的自然属性，却对物质本身视而不见，而只是求助于某些确定的抽象概念，不是很荒谬吗？形而上学的任务不是对个别经验进行观察，而是在整体上正确地解释经验，形而上学的基础因而也必须是经验式的。是的，甚至人类知识一部分中的先天性内容，被人类知识理解为一个给定的事实，从中可以追溯到一个主体性的根源。也就是只要先天性的意识伴随着这一主体性根源，在康德那里就被称作是先验的，用以区分超验的。超验的即指"飞跃所有经验可能性"，超验的对立面在内在之中，也便是在所有经验可能性的约束之中。我十分乐意重温在这些由康德引入的表述中所包含的原始含义，哲学中的猴子们利用这些表述就像利用诸如范畴这样或那样的术语一样，来玩转他们的游戏。所以说，形而上学的知识源泉怎么都不可能只是来自外部经验，而同样应是内在的；是的，形而上学最与众不同之处——由之可以独自解决大型问题的关键性一步，对形而上学而言变得可能——在于，正如我在《论自然界中的意志》的"生理天文学"标题下详尽而全面地阐述过的，形而上学在正确的位置上将外在经验与内在经验联系在一起，而且使内在经验成为了（理解）外在经验的关键。

　　此处我们研讨的形而上学根源，虽然有经验的知识源泉，在诚实的人面前不会遭到反驳，却也剥夺了获取毋庸置疑的准确性的方法。而此一准确性只有通过先天知识才是可能的，这一准确性是归逻辑学和数学所有的财产，但是两者根本上所教授给各种科学的东西，也只是每一个人对自身所没有清晰了解到的，最高程度无非是让自然学说中那些最为要害的元素从先天知识中被引导出来。我们所承认的这一事实仅仅使形而上学放弃了一个旧要求，如上所述，这一要求是建立在误解之上的。为了抵制这一要求，出现了各种形而上学体系之间的巨大差异性与可变性，以及常常伴随其产生的怀疑主义。然而即使是这种可变性，也不能提出要求来反对形而上学的可能性，因为可变性所触及的依然只是自然科学中的所有枝叶，化学、物理学、地理学、动物学，等等，连历史学都还未曾涉及。只要是在人类智力限制的允许范围内，当一个正确的形而上学体系被找到的时候，一个先天被认知的科学的不可变性当然也会在其面前出现。因为这一正确体系的基础只能是绝对经验，而不是单独和个别的经验，而各种自然科学不断地被他们修正，历史学里也因而总是长出新材料来。缘由在于总体与普遍的经验，绝不会调换它们的特质来反对一个新的。

下一个问题是一个从经验中汲取而来的科学何以逾越了科学，并且被冠上了形而上学的称谓呢？——这一问题不是像如何从三对比例关系中导出第四对，或如何从两边一角中计算出三角形来一样，只不过这条道路却也曾经是前苏格拉底式的教条之路，他们曾依照确定的、为我们先天所意识到的法则，想要从已给予的东西推向未被给予的东西，从后果推导出原因，从经验里推导出不在任何经验中可以被给予的东西。但是康德通过向我们指出，上述那些法则即使不是从经验中汲取而来，也只对经验才有效力，一语道出了此种形而上学之路的不可能性；继而康德有理由教导我们说，以这样的方式所有经验的可能性都不能逾越出矩。然而，依然存在着另外的形而上学之路。经验整体犹如一份密件，哲学便是对这份密件的解读,其正确性通过随时随地都出现的整体联系得到保证。只要这一整体足够深入地被人把捉到,并使其内部经验系于外部经验之上,那么这一整体就必须能够从其自身被解释与陈述出来。自从康德无可争辩地向我们指出,绝对经验是从两个元素中生长起来的,即从知识形式与物的本质自身里长出,甚至在其中二者还被相互分离,也就是分为先天为我们所意识到的东西与后天被添加进的东西;那么至少在大体上我们便已确定地知道,什么是在被给予的经验中(该经验首先是纯粹的现象)隶属于现象形式的,此种现象形式以智力为条件,以及什么是剥离了智力之后为物自体所保留的。虽然没有人可以透过现象形式的表皮进而认识到物自体,但每个人却可以在另一方面,在其自身中承受物自体。是的,便是承受物自体本身。那么物自体必须在自我意识中,尽管也是有条件限制的,以任何一种方式向每个人敞开。形而上学越过经验所需凭借的桥梁,除了分割经验于现象与物自体之外,别无其他;而且为了说明这一点,我已经将康德最为伟大的功绩置于其中了。因为这一桥梁包含了一个证明,此一证明指向一个多样的经验核心,而该核心是有关现象的。这一核心绝做不到与经验完全脱离,也不能作为外在世界的本质性东西(ens extramundanum)自己就被观察到,而总是在与经验的关系与关联中,其自身才被认识到。所以涉及现象的那一核心,只有对此现象的释义与陈述才能提供给我们有关现象的各种解释,否则便不能进入我们的意识。这样一来,形而上学超越现象,意思是越过了自然而通往那在现象之中或在现象后面的隐蔽之物(το μετα το φυσικον),这一隐蔽之物只能作为在现象中显现的东西被观察到,而不是独立于所有现象之外的什么，从而形而上学是内在的，而不会是超验的。原因在于形而上学绝不会完全与经验相脱离，而是保留了对经验的纯粹释义与陈述，因为形而上学除了在与现象的关系中讨论物自体之外，别无其他。这一点在最低的限度上都具有的意义是，正是在这一点上，我一贯顾虑到康德证明的人类知识局限，到现在都尝试解决形而上学的问题。正因如此，我让康德的《未来形而上学导论》同样适用于我的学说，并使之发挥作用。这里所讨论的形而上学因之根本上绝不会逾越了经验，毋宁说只是开启了对这世界的真实理解，这世界在经验中摆开来。形而上学既非按照康德反复提及的形而上学定义，是由纯粹概念构成的科学，亦非先天命题导出的结论所构成的一个体系，况且康德已经阐明了先天命题不适应形而上学的目的要求。倒不如说形而上学是一种认识，是从外在与现实世界的直观中，从一种解释中汲取而来的，这种关于世界的解释由自我意识中最为隐秘的事实提供给我们，并以清晰的概念记载下来。形而上学由此是经验的科学，但是这门科学的对象与源泉不是诸多个别的经验，而是所有经验的整体与普遍性。我完全且彻底地承认康德的理论，说这经验的世界是纯粹的现象，先天知识纯粹与现象相关才是有效的；我则加上一句，经验世界正好作为现象，是那显现出自己的东西的展现，我与康德一道将之称为物自体。进而可知，物自体必须在经验世界中将其本质与特性呈现出来，从而对经验世界而言，应当通过物自体解释清楚的，只不过是要从经验的材料，而不是经验的纯粹形式来解释。所以哲学自身无非是对经验的正确与全面的理解，是对经验的意义与内涵的真实陈述。对哲学而言，形而上学之物，即在现象中纯粹被伪装起来的,在现象的形式中被遮蔽起来的东西,与哲学之间的关系正如同思想与词汇之间的关系。

对世界以及对在世界之中显现物的密码,其正确性则必须由自身给出,也就是通过自身的协调性给出,即是否该译码内容将纷繁复杂的各种世界现象进行了规整,缺少了该译码内容人们将无法正确感知到现象。当人们阅读某篇文章,却不认识文中的字母时,人们会一直尝试对该文释义,直到人们理解了文中字符所代表的意义为止。因为正是字符所具有的意义,它可以使人理解词语的含义,并组成连贯的句子来。人们之所以不会怀疑译码的准确性,则是因为在协调与连贯中,针对该文的释义内容确立了文中的所有符号。那么,协调性与连贯性不可能是什么纯粹偶然的,而且人们也不可能根据这些字符完全不同的价值内涵,却同样地将词语和句子连接起来,并理解其含义。世界的译码必须以相似的方式,从自身来证明自己是正确的。世界的密码必须是一束光,普照在世界的所有现象之上,把最杂乱无章的事物协调起来,使得矛盾在最相互矛盾的事物中被化解。本己的正确性便是世界密码的真实性。任何错误的译码虽然与某些现象相适应,却会因此与剩余的现象产生更加刺耳的矛盾。好比莱布尼茨的乐观主义,便与人类存在明显的贫困状态相矛盾;斯宾诺莎认为世界是唯一可能与绝对的必要实体,却不能与我们面对世界的存在与本质所发出的惊讶相协调。至于沃尔夫的学说,认为人类从一个外在于他的意志中拥有自己的实存与本质(Existentia and Essentia),从与动机相冲突的严肃行为中生发出来的学说,与该种学说所具有的道德责任相矛盾。不断被人提及的认为人性不断前进并日臻成熟的学说，或者借助世界的不断前进进程，于是拥有什么变易的学说，便与我们先天的观点相违。因为我们先天地认为，在任何给定的一个时间点之前，一个无穷尽的时间已经流淌消逝过，那么也就是说，所有凭借时间而到来的事物，都必须是已经存在过的；我们可以为此列出一长串数不到尽头的目录，可以记录下各种教条理论与实际事物之间擦出的矛盾。对此我还必须针锋相对地指出，在我的哲学中，任何一种学说都已经在拥有直观实存性的现在中被思虑无疑，在我的哲学中没有任何一种学说的根基是伫立在抽象概念之上的。我的做法诚然也是一种基础性的思考，这种基础性思考则基于所有的现象之上，作为解开世界之谜的钥匙被提了出来；这种基础性思考便证明了自己是正确的字母，所有的词语和句子在人们使用该字母时才具有内涵和意义。与一个谜题的所有谜句都吻合的答案才是谜题的谜面。我的学说在世界现象矛盾冲突的一团乱麻中窥见了协调性与连贯性，化解了数不尽的各色各样的矛盾，从任何一个别的角度看，正是我的理论带给世界协调与连贯。此种情形好比是本不断进账的记账本，但也不是说，我的理论做到了毫无缺漏地解决了所有的问题，没有可能的疑问是没有被回答的。因为这就好似在狂妄地宣称，我们已经超越了人类知识的界限。我们点燃了火把，火把照耀了前路，但是我们的视野依然被漆黑的夜晚包裹着，驻足不前。世界之谜的最后答案似乎必须赤裸裸地从物自体中得来，不可以从现象里寻得；然而，我们所有的只是却又恰恰唯独依附在现象之上：我们对所有物的理解必须通过主次、前后以及因果联系才有可能。但是当这些形式纯粹只与现象相关时，也才会有内涵和意义：物自体自身可能的各种关系，都不会通过上述这些形式被人领悟到。世界之谜真正有效的答案之所以必须是人类智力全然无力理解与思索的东西，以至于假如有一个比我们更高级的生物来到这个世界，倾其所能地想要教会我们认识这个道理，但是我们没有能力理解他带给我们的启发与开导。那些假装自己发现了事物最终的也就是最初根据的人，假装自己找到了原始本质、绝对之物，或者其他任由人们随心所欲冠上一个什么名字的东西，他们把事物最终的根据与所谓的演进过程，各种根据、动机或者其他什么东西统统联结在一起，从而让我们的世界从中生发出来或发源出来，又或是坠落下来，再要么是被制造了出来，被置入、"释放"和驱赶入人的存在之中——简直就是儿戏，不是江湖骗子的把戏，就是轻浮无知。

　　我认为，我的哲学的一项巨大优势就是，在我的哲学中所有的真理都相互独立，通过对现实世界的观察得来的。虽然我不曾努力使我的哲学统一起来，使之处于整体的协调之中，但是我的哲学随后总是自己能够达成这样的结果。所以我的哲学内容丰富，并将其庞大的根基植在直观实在性的地基上，从直观实在性中吸取所有抽象真理的养分，由此避免了使我的哲学再次陷入到无聊境地的危险，而且在我对过去五十年内的哲学做了一番评判之后，这种特征应当可以成为我的哲学的本质特征。一门哲学的所有理论纯粹以另外一门哲学为依据，并且干脆全部是从一个命题中推导出来，这样的哲学是贫困而瘦弱的，也会无聊地衰败下去。因为一个命题究竟指涉了什么样的内容，是不可能从命题的推导中得到的，况且把所有的内容都维系在一个命题的正确性之上，使得推导过程中某个单一的错误便会威胁到整体的正确性。至于某些人从智力直观,也就是以某种形态的狂奋与智慧观察为出发点的哲学体系,其所拥有的可靠性便更低了。任何一种凭借此种方法获得的知识,都必须被我们当成是主观与个别的,也就是存有疑问的,我们应加以驳斥。就算真的出现了这种认识,那么也会是说不清道不明的,因为只有正常的大脑知识才能被明白地表达出来。如果这种大脑知识是抽象的,就用概念和词语的形式;如果是纯粹直观的,就用艺术作品的形式。

当人们(就像经常会发生的那样)指责形而上学在过去的许多世纪里只取得了寥寥无几的进步时,人们还应当考虑到,没有一门科学的发展会像形而上学一样无间断地受到压迫,没有一门科学像形而上学一样受到外部的阻挠与防堵,像形而上学一样被所有国家中的宗教迫害;而压迫形而上学的宗教一定会垄断形而上学式的知识,把形而上学当成是杂草丢在一边,当成是非法劳工,当成是流浪的吉普赛人。只有当形而上学卑躬屈膝为宗教服务追随宗教的时候,宗教才会以此为前提包容形而上学。思想自由究竟在什么地方出现过?人们吹嘘已经有了足够的思想自由,可是一旦思想想要走得更远,例如想要偏离归属宗教的教条,宣称宽容的人现在要对这样的胆大妄为者,基于神圣的威慑,并且厉声说道:不许再偏离一步!遭受如此压迫的形而上学何以可能再取得任何的进步呢?——钳制的爪子不仅仅伸到了思想的表达自由之上,更是深入到了思考活动本身,在一个人脆弱可塑、毫无戒心与没有思考能力的童年时,主流的形而上学理论将其信条以一副学识渊博、高规严肃的面庞,深深地刻入人的脑中,以至于这些信条从一个人的童年时代开始,便与他的大脑一起发育,几乎成了他自然天生的思想了。尔后，某些哲学家会来维护这些信条，但是更多的人却是假装理解。没有什么对形而上学的理解与解决问题的阻挠，会像某个先于该问题出现的、早前被灌输在精神中的解释一样，因为所有真正哲学思考的必然出发点，其实是一个苏格拉底式的深刻感受：

> 我所唯一知道的，便是我无知。

古人们在这一点上优于我们，虽然当时他们的宗教也对他们思考的表达进行了一定的限制，但是却没能对他们思考的自由造成任何影响。因为他们的宗教没有对孩子们进行死板和严格灌输教育，也不会被他们非常严肃地接纳。所以说，古人在形而上学的领域内依然是我们的老师。

当人们指责形而上学取得成果何其之少，即使付出了持续的努力却依然实现不了目标的时候，人们还应该考虑一下，人们在形而上学的领域内坚持不懈，付出了价值不可估量的努力，也就是为流行的形而上学理论设定一个界限。与此同时，还要反击为了对付形而上学不可避免会出现的自然主义与唯物主义。人们不禁要问，当任何一种宗教信仰根深蒂固而又盲目的时候，正如这些宗教所希望的那样，该种宗教的教士阶层的狂妄会达到无以复加的地步！人们可以回顾一下，从 8—18 世纪所有在欧洲上演的战争、骚动、叛乱与革命，到底有多少不是把一个什么信仰之争，也就是把些形而上学的问题，要么当成是核心，要么只是当成幌子，挑动起各族人民相互残杀！如过去的千年笼罩在形而上学影子之下不曾停歇的谋杀行动,一会儿发生在战场的厮杀中,一会儿又出现在绞刑架上,一会儿又爆发在偏僻的巷道里! 我曾想,我应当列出一份收录了所有罪行,所有真正阻挠基督教发展的罪行名册,还要列出一份记录所有美行的名册。这些美行是基督教真正教化得来的,从而把这些美行放在天平的另一端。

形而上学的真正任务只有一个:这种义务将其他所有的要求都排除在外,这种义务便是使形而上学变得真实。假如人们想再在这种义务上加上一些别的什么要求,好比心灵的、乐观主义的、一神论的,抑或仅仅只是想让形而上学也是道德的,那么人们会因此无从知道,这种形而上学是否与真实的义务相冲突,如果缺少真实这一前提条件,所有哲学理论显然又都是毫无价值的。所以评判一门哲学的标准只能是一个以真理为依据的标准——况且哲学本质上就是认识世界的智慧,哲学研究的问题就是世界,哲学只与世界整体有关,哲学使诸神归于宁静,却又期望从诸神处归于宁静。

注释

[1] 根据 *Arthur Schopenhauer Sämtliche Werke* Band Ⅱ, Stuttgart, 1986, S. 206—243 翻译。

[2] 原文是 Realwissenschaft, 与数学等形式科学不同, 该种科学必须有实际的研究对象。——译者注

[3] 原文是 Das Dasein, 即指个人的存在, 亦指世界的存在。——译者注

[4] 此处亦为 Das Dasein。——译者注

[5] 原文为 Ursprünglichkeit, 即指不为人所改变的、原初性的东西。——译者注

[6] 原文 Rischi, 阿拉伯文有羽毛之意, 应指古埃及约公元前 1500 年时一种墓葬形式。——译者注

[7]　叔本华原文为 Aristipp，生卒年是约前 435—前 355，古希腊哲学家。——译者注

[8]　原文是 Marc Aurel，生卒年是 121—180，罗马皇帝，160—180 年在位。斯多葛派哲学家。——译者注

[9]　原文是 Julian Apostata，生卒年是 331—363，罗马皇帝，360—363 年在位。曾宣布放弃基督教信仰。——译者注

[10]　约希姆·海因里希·坎佩（1746—1818），德国作家。——译者注

[11]　弗里德里希·特奥多尔·林克（1770—1821），德国新教神学家、哲学家。——译者注

[12]　贺拉斯（前 65—前 8），古罗马奥古斯都时代的诗人，该作品是其第二部讽刺作品。——译者注

[13]　德文为 Existenz，与 Dasein 不同，更多指向了实际的身体存在本身。——译者注

[14]　原文是 Suffragium，罗马法中的一个概念，既指法庭中陪审团和法官的投票，又指代整体的投票权。——译者注

[15]　原文对拉丁文的翻译为 im übertragenen Sinn，Allegorie 还可指代在宗教中的寓意和比喻，故下文有时会译为寓意式的。——译者注

[16]　特图里安（150—220），早期基督教时代的一位作家。——译者注

[17]　德文版中并未翻译此句拉丁文。严谨（sensu proprio）一词，叔本华在全文中直接引用拉丁原文。为方便读者阅读，译文中均用"严谨"。——译者注

[18]　《亚洲研究》是叔本华经常引用的一本杂志。它是亚洲协会的会刊。该协会由威廉·琼斯爵士等人 1784 年创立，现址位于印度的加尔各答。——译者注

[19]　以撒·雅各布·施密特（1779—1847），德国卡尔梅克学者（即土尔扈特人）、蒙古学者、西藏学者、佛教学者。——译者注

[20]　亚历山大·乔玛·德克勒希（1784—1842），匈牙利旅行家，欧洲西藏学奠基人之一。——译者注

[21]　藏文《大藏经》中的一部。——译者注

[22]　德文版译文：这里有一篇文章描述了他们之间的对话，其主题关于创世——因着谁而有了这世界？佛陀向梵天提了许多问题，是否他，制造了或者创造了这个或者那个物，并赐予物这种或者那种特质？是否他，导致了数不尽的向着毁灭的变化与这世界的再生？梵天否认说，他曾经做过任何这样的事情。最后梵天问佛陀道，这世界到底是怎么来的——因着谁？（佛说）世界上的所有变化应归诸动物性生命的道德作为，而且应说，世界

上的一切是纯粹的幻象,造物中没有真实性,所有一切是空。为佛陀所教导了的梵天,成为了佛陀的信奉者。——叔本华原注

译文参见《大悲经·梵天品第一》。所谓"动物性生命的道德作为"即指佛教概念中的"业"。——译者注

[23]　原文为 ihr keine Ruhe erlässt, keine Ruhe 即指未曾停歇地追寻问题的答案,又指那些追寻之人没有得到片刻安静,承接下文的不安 Unruhe。——译者注

[24]　应指莫扎特的歌剧《唐·乔万尼》。——译者注

[25]　欧玛兹特(Ormuzd)和阿利曼(Ahriman),古波斯祆教中的创造力与破坏力的二元(神)。叔本华所引用的名称是中波斯语中对二者的称呼,即原来的阿胡拉·马兹达(Ahura Mazda)与安格拉·曼纽(Angra Mainyu)。——译者注

[26]　德文版翻译为 Sein,与上文中的"存在"(Dasein)不同,此处指本质的意思。关于二者的区别可参见汉语对海德格尔哲学中"存在"(Sein)与"此在"(Dasein)的不同译名。——译者注

[27]　即指形而上学。——译者注

[28]　希腊神话中的英雄人物,见《荷马史诗》,脚踵是他唯一的弱点。——译者注

[29]　卡尔·罗森克朗茨(1805—1879),德国哲学家。——译者注

[30]　即《任何一种能够作为科学出现的未来形而上学导论》一书。——译者注

[31]　留基伯(活动期在公元前 5 世纪),古希腊前苏格拉底哲学家。——译者注

[32]　德谟克利特(前 459/460—约前 4 世纪早期),古希腊著名自然哲学家。——译者注

[33]　伊壁鸠鲁(前 341—前 270),古希腊哲学家,伊壁鸠鲁学派创始人。——译者注

[34]　保尔·霍尔巴赫男爵(1723—1789),法国启蒙时代哲学家和百科全书作者。——译者注

[35]　让·巴蒂斯特·拉马克(1744—1829),法国植物学家与动物学家。——译者注

[36]　皮埃尔·让·乔治·卡尔巴斯(1757—1808),法国心理学家与哲学家。——译者注

[37]　斯宾诺莎用语。——叔本华原注

[38]　路德维希·霍尔贝格男爵(1684—1754),丹麦诗人、剧作家。——译者注

[39]　出自路德维希·霍尔贝格男爵的《政客铁壶匠》,是该喜剧 1722 年公演后出现的谚语。——叔本华原注

论人世的痛苦[1]

从无意识的黑夜沉睡中苏醒过来的意志，作为一个个体降生在一个无边又无际的由数不清的个体构成的世界中，所有个体均无例外地拼搏、忍受并迷惑着，如噩梦一场，意志急欲重返到旧有的无意识中。到此为止，意志的愿望从来都是无止境的，要求都未得到满足，每一愿望实现后又都生出新的愿望，世界上不可能有这么一样东西可以填满意志的欲求，可以为它的追寻设定一个终极目标，可以使它陷入无边深渊的心灵充裕安详。从中人们仅可窥知，一切种类的满足对人而言究竟为何物，它们至多不过是在与贫乏的斗争中，依靠持续不懈的努力和不断的操劳用心而换来的微不足道的胜利，所得的每日仅够维持生命存在本身，其中透着死亡的气息。生活中的一切无不昭示出尘世间幸福的局限，这幸福要么很快破灭，要么就化为幻觉。所以事物的本质彰显其中，所以众人的生命苦短。相对的幸福要不总是假的，要不就像那些长命百岁的人一样是例外，其目的也只有一种可能，那些幸福便是要做长寿者生命中的诱鸟[2]。无论何时何地生活都暴露出自己是一场没完没了的骗局。生活中昨天承诺的东西，今天可以不兑现，除了告诉人们，他们所期许的东西是多么的无价值之外，别无其他。所以希望欺骗了我们，希望的对象欺骗了我们。生活中昨天给予的东西，也只是为了今天从我们手中夺去。不可企及的神力指给我们天堂，可一旦我们诚心相信，那天堂又如光学幻觉一般消失。所以说，幸福常常寄托在未来或过去中，现在则好比是一小朵乌云，微风拂过，遮住了阳光，这朵乌云的前后都是光明的，只有它总是丢来一片影子。因此现在永是不足，未来永不确定，过去永不可逆。人们误解了并还强迫相信的东西是，人要感恩地享受生活，人要幸福地生活下去。但是生命中每时、每日、每周、每年、小的、更大的、巨大的、让人憎恶的东西，以及令一切自私企图落空的不幸，使生命清晰地打上了某种东西的烙印，这东西必使我们失去了兴趣，去把握那样难以理会的道理。更不要说那好比生命一以贯之的本性一样没完的幻觉和失望，已经算计着并准备劝说人们认识到，我们的拼搏、挣扎和搏斗皆毫无价值，所有的东西都是虚无的，这个世界在每个角落里都破了产，生命是一间入不敷出的商店——我们的意志则完全置身事外。

　　至于所有意志客体的虚无性如何向智力（此智力根植于个体之中）昭示，并使之认识到自己的方式则是时间。时间是形式，我们一切私密的享受与欢愉依着时间形式终成为无，于是我们惊恐地问道，那些享受与欢愉究竟在何处驻足？物的虚无性正依此形式，以物的消逝彰显自己。那虚无性本身也就成了时间的唯一客体之物，也就是说，虚无性在物的本质上与时间相契合，时间是虚无性的表露。所以时间理所当然地成为了我们所有直观的先天必要形式，所以包括我们自己在内，一切都必须在时间中才得以显现。我们的生命好比是一张账单，人们可以用高纯度的铜芬尼增加支付额，但终究必须签付，这一支付过程就是生命中的日子，而结账便是死亡。时间首先揭发了一份自然对所有生物的价值判决书，虽然这些生物都在自然界中显现为现象，自然却仍然宣判了他们的灭亡：

> 那这么说是有道理的：因为所有一切存在的东西，
> 难道走向灭亡也是有价值的吗？
> 所以他们最好压根就别存在过。
>
> ——歌德：《浮士德》

所以一切生命迅速迈入衰老与死亡，可以说是一份对生命意志的诅咒判决，这一判决出自自然之手并宣称生命意志在此只是一次挣扎，是一次注定要被击溃的挣扎。"所有你曾想要的东西，"这判决写道："结局都是：尤嫌不足。"从所有生命中获得的教训都告诫我们，人的愿望对象持久地欺骗着他，永远是摇摇欲坠的，愿望对象带来的折磨远比欢愉多得多，直到最后连那愿望对象倚靠的根源和地基，甚至也整个地轰然倒塌了，人的生命因此走到了尽头。他终于确信，他所有的挣扎和欲望不过是走在一条死胡同里，是一条不归路：

> 衰老与阅历，手牵手，
> 引他入死亡，使他明白，

历经长久与苦痛的追寻后，

他的一生错误一场。

——罗切斯特(?)[3]:《半兽人与人》

就此话题的一点特别之处仍需继续深入挖掘，这是因为上述那些观点为我招来了最有力的反驳。为此，首先我在上文中已经给出的论证将通过下面的论述继续得到增强，这一论述——所有满足，也就是所有享受和幸福都具有消极性；相反，疼痛则具有积极性。

我们感觉到疼痛，却感觉不到健康；我们感觉到烦恼，却感觉不到无忧；我们感觉到担心，却感觉不到安全。当我们忍饥挨饿，我们感觉得到我们的愿望，可一旦这愿望得到了满足，就好像被虫蚁叮咬马上消肿一样，我们的感觉也会瞬间停止。一旦享受和欢愉消失，我们很苦闷地怀念它们，但是长期性的疼痛一旦自动消失了，却不会被直接记起，顶多只是通过有目的地对疼痛的回忆而被重新记起。那是因为仅有疼痛和缺乏能被人积极地感受到并将自己揭示出来，而幸福的感觉则完全相反，是纯粹消极的。所以生活中的三宝，即健康、青春和自由，只要我们还拥有就不能被感觉到，直到我们失去它们的时候（才感到了它们的存在），因为它们也是消极的东西。只有当不幸窃取了宝座，我们才察觉到旧时光的美好。一般说来，当享受增加，对享受的感受力则会减弱，享受作为被习惯了的东西将不会再被感受到。但正因此，对痛苦的感受力却会增强，因为那被习惯了的东西逐渐隐去被人痛苦地感受到了。同时感受疼痛的能力和被强迫感受痛苦的必然程度，亦通过这样的取代动作而不断得到增强。越惬意的时候，时间流逝得越快；越煎熬的时候，时间流逝得越慢。因为疼痛是积极的，它让自己在现时中被感觉出来；享受则是消极的。同样我们无聊时感到时间的存在，欢乐时又忘了它的存在。这两者证明了，当我们最感触不到我们存在的时刻，便是我们最幸福的时刻，从中人们会得出这样的结论，或许更好的做法是干脆别拥有这一刻的存在。巨大强烈的快乐无论如何都会让人认为，这快乐是从以前的极度贫乏中得来的，因为欢乐或者虚荣心的满足不会从持久的满足状态中生出来。艺人们一定要把他们的主人翁带入恐惧和痛苦的险境中，好将他们再从中解救出来。戏剧和史诗从头至尾偏爱讲述的故事，属于那些挣扎着的、煎熬着的和遭虐待的人物；而每本小说都是面西洋镜，在里面人们看到惊恐的人类心灵是如何地抽搐打颤。沃尔特·司各特[4]在《论死亡率》的"结论篇"中笨拙地讨论过这种美学上的必然性。与我所证明出的道理完全一致，得到自然和命运垂青的伏尔泰说道：

> 八十年来经验告诉我，我不得不承认并且对自己说，我所知的不会再有什么高深的内容了，那就是苍蝇要为蜘蛛吞食，人要被忧伤吞噬……

请诸位在自信地宣称生命是一个充满希望和感恩的至善之物之前，先冷静地把快乐的总和（即人一生中能享受到的任何可能的快乐）与痛苦的总和（即人一生中遇到的任何可能的痛苦）做个对比，我相信，编制这样的一份账表不是一件难事。争论世界上幸福

与苦难孰多孰少本属多余之举,苦难赤裸裸的存在本身早已判定
了胜负,因为此种存在既不会被现在的抑或是将来到来的幸福所
抵消,更不可能被平衡掉:

> 千般福寿不抵一夜之灾。

> ——彼特拉克[5]:《十四行诗》195

即使经历千般的幸福与欢乐,恐惧与死亡对一个人的折磨绝
对不会停歇,现时的安详同样地更不能令曾经的痛苦不曾发生。
假使有一天这世界上的苦难百般地变少了,那也是苦难赤裸裸的
存在积蓄起足够的力量来诉说一个真理的时候了,虽然方式千差
万别,却永远直白,无所隐晦。它使我们认识到,与其为世界的存
在欢欣,倒不如为之悲伤——因为世界的非在[6]优于这世界上的
存在——这世界是如此之物,其本质上本不该存在,等等。正如拜
伦所说:

> 我们的生命虚妄
> 亦非和谐之物,苦涩的命运,
> 根深蒂固的罪的污点,
> 这无边蔓延的毒草,这烧焦的残树,
> 以地为根,以天为枝叶,
> 滴在人们脸上的露水是灾难,
> 死亡、疾病、奴役与一切的苦难,
> 我们所见的,糟糕;我们未曾见的,只会更糟——

心中之痛常有常新，

灵魂之伤未曾痊愈。

——《恰尔德·哈罗尔德游记》4，Ⅰ 26

　　如果这个世界和世界上的生命存在就是目的本身，而且他们不需要任何理论上的辩护与实际上的补偿或弥补，那么照斯宾诺莎与今日的斯宾诺莎学者们所说的，这世界和世界上的生命将是神的唯一显现，神要么为了消遣（animi causa），要么为了把自己再现出来而自编自导了这个进化过程。世界上的存在物既不需要原因为自己辩护，也不需要结果的帮助让自己登场，然后，不是生命中的痛苦和磨难通过享受和安乐在生活中被全然地抵消掉——如前所说，这是不可能的，因为现时的疼痛不会被将来的快乐所取消，将来的快乐填满了的是将来的时间，就如现时的疼痛填满了它现在所占据的时间——而是完全彻底的没有了痛苦。死亡也应当不再存在，没有什么东西能再吓倒我们。若此则生命只需自己付钱给自己了。[7]

　　因为我们的存在状态其实是这样的东西，干脆别存在才更好，所以正如地狱里的一切都散发出刺鼻的硫磺味，所有一切萦绕着我们的东西都循着这样一条轨迹：没有一样东西是完美而真实的，安逸总被忧劳取代，享受总是半途而废，消遣常遇阻碍，轻松引来繁重，为摆脱每时每日的困境而找到的办法，一切时候都撇下我们不管失灵了；我们已经达到的生活状态总是还要退回去；还有各种事故，无论大小都是我们生活中的元素，一言以蔽之，我们和菲纽斯的命运如出一辙，哈耳庇厄[8]弄脏了他的食物，让他不得享用。

为了与之相抗，人们觅得了两种方法：一是聪明、谨慎、睿智（ευλαβεια），人还没有学成出山，还没有学成完备的时候，就行将毁灭；一则是斯多亚式的静心，遇事沉着，不见可欲，可以让一切不幸缴械，无处施展，在实践中他们会走上犬儒派绝尘弃世的道路。犬儒派学者倾向一劳永逸地扔掉所有的脱困办法，并且放弃减轻痛苦，就像木桶里的第欧根尼，他们是要把人变成狗。真相是：我们应该贫穷地生活，并且我们都是贫穷者。须知人类所遇到的真正苦难的主要源泉就是人本身：

> 人对人是狼。
>
> ——普劳图斯[9]：《驴》2，Ⅴ.495

谁若想洞悉此句之意，这世界在他的审视之下便成了一个地狱，但丁的地狱都相形见绌，人必成为他人的魔鬼，一个人绝对适合在另一人面前扮演统治者的角色，要是在所有人面前那就是个大恶魔，他检阅了成千上万的人群之后，向他们大声呼喊：

> 你们命中注定要受苦和灭亡！现在举起你们的枪炮互相开火！

然后众人照做。通常人们一定会把人类互相针锋相对的行为方式说成是非正义、极端的不合理、残酷和冷血；相反的行为方式则仅仅作为例外才出现。所以国家和律法[10]的必然性建立于此，而不是凭空想来的。一旦超出了律法的界限，出于人类无止境的自私以及偶尔泛起的邪念,在任何情况下都会展现出人类对其同类的冷酷无情。请看看以糖和咖啡为最终目的的黑奴贸易,这个活生生的例子告诉我们,人是怎样对待人的。人们甚至不用远离家门便能看到,有的人 5 岁时就进入纺织车间或别的什么工厂开始干活,从那时起,刚开头 10 小时,后来 12 小时,最后每天 14 个小时都在车间里完成一项机械的工作。这就是所谓的消遣娱乐,为了生存而呼吸与生命的昂贵代价。但这就是千万人的命运,另外的千万人也拥有相同的境遇。

　　他人可以制造小麻烦让我们完全生活在不幸中,却做不到让我们完全幸福地生活在世界上。或如俗谚,

　　　　酣睡时最幸福的瞬间也就是幸福的最幸福瞬间,而醒着
　　时最不幸的瞬间也就是不幸的最不幸瞬间。

　　——一个间接但可靠的证据是,人自己还让自己感觉到不幸,别人生活琐碎中的任何一点优势都能成为导火索,引爆那在所有人心中留驻着的不可节制的嫉妒,并以嫉妒熟稔的方式爆发出来,最后连嫉妒自己都无法遏制其怨毒的扩散。一个人备感不幸的时候,是无法容忍眼前还有一个看上去很幸福的人。但谁若现在备感幸福,也必想让周遭的一切都沾上福气:

　　　　世界因我的快乐而沾满了福气。

　　　　　　　　　　　　　　——爱尔维修:《论精神》

假如生命自在本身是一块价值连城的美玉，假如生命对非在拥有压倒性的优势，那么就不需要还像死亡伴随着恐惧那样，在出口让戒备森严的哨兵[11]继续把守了。可是难道说一个人在生活中（在生活的本来面目里）百般隐忍，就是为了让死亡的恐惧可以少一些吗？假如生命是快乐，谁还能承受得住思考死亡呢！所以人无论怎样都得将那块美玉带入生命的尽头中，而面对生命的痛苦，我们用死亡慰藉自己；面对死亡，则用生命的痛苦慰藉。事实是，这两者不可分离地聚合在一起，交织出一条绝路，而从中逃离的希望渺茫。

假如这世界不是什么东西，实际一点说，要是不存在的话，那么这世界在理论上也就构不成任何问题了，甚至这世界上的存在要么干脆就不需要任何的解释。因为对世界的认识是完全的不言自明，以至于对世界的惊叹与随后产生的疑问，在任何一个人的头脑中都不会再发生了；要么生命的目的就该明白无误地摆在眼前。但是相反，世界却是个无法解决的难题，最完善的哲学也总是包含着一个无法解释的元素，好似一场无法获胜的败仗，或是一堆总由非理性的二元关系遗留下来的余食。谁若敢将这个问题抛出，质问为什么不存在要好过这世界的存在，那么要这世界从自身出发来辩护是不可能的，因为这世界在其自身中找不到存在的任何根据和终极原因，也更证明不了世界是因其自身。也就是说，出于对自身有益的目的而存在的。但是根据我的学说却畅通地得到了解释，那就是存在的原则是一个无理由的原则，也就是盲目的生命意志，生命意志作为物自体不屈从根据律；而根据律是现象的纯粹形式，只有透过根据律针对世界为什么的提问才是合理的。只有这样才符合世界的特质,因为在我们审视自己的时候,只有盲目瞎眼的意志才能置身其中不动。要是意志睁眼定会马上翻跟斗走人,因为在努力拼搏获得的、转瞬即逝的,在我们手中终成为无的存在中,我们奋力拼搏,集齐所有的力量努力经营,时常受到烦恼、恐惧和贫穷的煎熬,以及面临不可避免的个体生命的毁灭,却拿不到一丁点补偿,生命这家店铺入不敷出。不过根据阿那克萨哥拉[12]的心灵(νους),也就是从知识中推导出来的意志,出于粉饰的需要,对世界的解释必定要求一个乐观主义,证明了这整个世界充满贫困的事实发出了呐喊。为应付这一状况,乐观主义被设定成一份慰藉而获得了辩护。那么生命终究是为了一份恩赐而耗其一生了,同时看到,人要是还能被允许提前查看审视一番这份恩赐,那么他一定会倍加感恩地生活,就像莱辛如何为他儿子的悟性所折服。他的儿子根本不愿来到这个世界,只是在产钳的强迫下才生下来,然而却显露出要急着再从这世界离去的意思。相反的观点是,从一个终点到另一个终点,生命也应当是一次教训,这样一来,每个人将会如此回答其中存在的疑问:

> 所以我本也是想要如此的,当我既得不到教训也体悟不到其他必要的东西的时候,人们应当把我放在全然无缺的虚无宁静中。

在这里好像还得再添上一句,这样一来,他在生命中每隔一小时就该向人报告一次,与其如此,他倒不如一开始就自己提交一份报告,请人们将他从那种虚无宁静中放出来,扔到一个糟糕昏暗充满恐惧和折磨的地方，或许这样还更合理些。——上述观点都是由错误的基本观念推导出来的。因为人类的存在与恩赐的特性相去甚远，倒不如说是活脱脱一个债务人的性格，而贯穿在每个生命存在中的紧迫需求，折磨人的愿望以及无止境的困境就是索债的情形。要偿还这一债务，通常要耗干人的一生，当然利息也要一并勾除。最后的资本偿付要通过死亡才告完成。但是什么时候人欠下了这笔债呢？——答曰：出生之际。

当人们因此把人类当成这样一种生物，它的存在就是一次惩罚与忏悔——那么他已经是在阳光中把人类正确地审视了一番。《旧约》中我能承认的一个形而上学真理，尽管只是寓言式的，就是关于原罪的神话（尽管看上去整个犹太教是将《波斯古经》[13]的教义移植过来，参见《原初创造》[14] Ⅰ 5），是的，也就只有这个神话能使我与《旧约》和解。没有什么能像一次失足与可受惩的贪欲的后果那样，更接近我们的存在真相。《旧约》中基督教义的伦理学精神，与婆罗门教和佛教的伦理学精神，乃至与《新约》中另外的乐观主义精神都是截然迥异的；《旧约》中基督教义的伦理学精神也极聪明地立马与那一神话连接在了一起。是的，没有这一神话犹太教根本就站不住脚。如果有人想要计算出我们的存在所背负债务的额度，那么他该盘点一下与存在绑在一起的痛苦。每一次的疼痛，无论肉体还是精神上的，都在告诉我们说，这是我们应得的，因为如果疼痛不是我们应得的，它们也不会附着在我们身上。当然基督教也是在这样的阳光下审视我们的存在的，路德[15]在《加拉太书注释》第 3 章中的一段话证实了这一点，我读到的只有拉丁文版：

我们所有的躯干和一切关系都臣服于魔鬼之下，他是这个世界的主宰和神，我们只不过是外来客。从而所有一切都在他的统治之下：我们所食的面包、我们所喝的饮料、我们所穿的衣物，是的，乃至空气和一切我们肉身生活所必需的。

——人们抱怨我的哲学过分忧伤和缺少安慰，事实却很明显，是因为我不像其他人那样，为求所有罪的等值而描绘出一个未来的地狱，而是证明了就在这个债务缠身的世界里，早已是一番地狱景象了，只不过某些人还要否认罢了——人可以很容易地就经历一番。

受到折磨与恐吓的生物们，在这个世界，在这座游戏场上，生存之道只有一个，就是以别的生物为食，每一个龇牙咧嘴的动物都是其他成千上万动物的移动棺材，它的自我生存是一条由殉难者编织成的链条。而感觉到疼痛的能力则在认识功能的介入下不断增强，最后在人类中达到其顶峰，智力的程度越高，感受疼痛的能力越强——人们曾想把乐观主义体系硬套给这世界，把这世界当成是所有可能中最好的呈现在我们面前。如此的荒唐事还被人到处叫嚣。当中有个所谓的乐观主义者，要我睁眼走进世界，好好看看，有山峰、峡谷、风暴、植物和动物的世界，沐浴在阳光之中是多么的美啊，等等——但是这世界难道是个西洋镜吗？去看这些东西当然是美的，但是他们的生存与存在却是另外一码事。后来走来一个目的论者，在我面前极力称赞自然的卓越设置，正是依靠这设置，行星间的运行不是互相拿头碰撞，陆地和海洋不是糊成一块，而是优雅地并行不悖，不是所有的东西在持久的冰冻期都凝固，不是所有的东西在高温下都蒸发。同样由于黄道的倾斜才没有永远的春天，不然的话没有东西在永恒的春天里能够发育成熟，诸如此类，等等。——然而这里提到与之相似的东西不过是些纯粹的"不可或缺的条件"（conditones sine quibus non）。如果说一定要存在着这么一个世界，为了满足遥远恒星上发出的光芒能够到达行星的需要，那些行星至少与恒星保持了适当的距离，并且也不会像莱辛的儿子那样，刚出生就必须离去——那么这世界就定当不该由那么不称职的木匠打造自己，以致这世界的脚手架都有倾倒的危险了。如果人深入打量这被赞扬的艺术作品所带来的后果，仔细地观察那些在这座恒久的木质舞台上登台的演员们，他会发现，疼痛是如何与敏感度相连而产生，敏感度向智力发展上升了多少程度；同步地，贪婪与痛苦的出现也总会相应地增强多少，贪婪与痛苦会不断上升，直到最后人类的生命除了悲剧和喜剧之外，已不能再为其提供材料了。如此看来，除非假装，不然想要组织唱诗班来齐声颂唱哈利路亚，都是件难事了。大卫·休谟[16]在《宗教的自然史》第 6、7、8 卷与 I 3 中发现了贪婪与痛苦真正的且晦涩不明的源泉，尽管他不给人留情面地着墨著书，却赢得了真理。休谟还在《自然宗教对话录》第 10 和 11 卷中以极其深刻而独到的见解（我自叹不如），揭穿了这个世界的可悲特性与乐观主义的脆弱性。这两本可读价值如此之高的书，在今天的德意志却默默无闻，本地某些自鸣得意的庸才们令人作呕地胡说八道一番。而德国人由于爱国心作祟，竟然不可思议地满足于此，并还把那些货色捧为伟人。不过哈曼[17]曾经将那本《自然宗教对话录》翻译成德语，康德仔细阅读了他的译文，并在晚年还曾想说动哈曼的儿子将之出版,因为普拉特纳[18]的译本实在不能令康德满意(见弗里德里希·威廉·舒伯特[19]的《康德传》第81页和Ⅰ5处)。把黑格尔[20]、赫尔巴赫[21]和施莱尔马赫[22]的所有哲学著作统统读一遍,都抵不上大卫·休谟所写的任何一页纸。

　　相反莱布尼茨[23]则是系统乐观主义的奠基人,尽管让我去思索他的"单子论"与"前定和谐"以及不可辨别者的同一性(indentitas indiscernibilium)为何物从未成功过,但是我也不能苟同说他的贡献就是为了否定哲学。但他的《人类理智新论》(*Nouveaux essais sur l'entendement*)纯粹只是一本摘录,其中他试图修正洛克有理由享誉世界的名著,做出了详尽然而却软绵无力的批判。所以在反驳洛克这件事情上,莱布尼茨也没交上好运,结果就像他为了反驳牛顿的万有引力定律而书写的《天体运动释义》那样。《纯粹理性批判》是一本专门反驳莱布尼茨—沃尔夫[24]哲学体系的著作,是对该哲学体系的论战与抛弃,该书亦同时是对洛克与休谟思想的继承与发扬。然而今天许多哲学教授仍全面努力致力于重新修补满是空话的莱布尼茨思想,是的,并加以颂扬;另一方面又极尽可能地贬低康德的思想,将之束之高阁,并在永动装置(primum vivere)中找到了他们的可靠根据。因为《纯粹理性批判》也没有说,犹太教的神话学说可以充作哲学更没有说,人可以不计实际环境背景把"灵魂"当成一个给定的实存,当成一个众所周知与公认的人格述说,从而也不需要向任何人报告,他究竟是如何认识这个概念的,并在多少可信的程度上科学地使用了这一概念。所以:

先生活，后哲学！

所以康德在后，我们的莱布尼茨生活在前！——回过头来说，我现在承认的只能是上述那种神正论，那种方法论上和广义上对拥有此特性的乐观主义的解释，除了恰好构成了伟大的伏尔泰创造出不朽角色"憨第德"[25]的动因外，一无是处。至于说那些莱布尼茨主义者为世界的苦难辩护的蹩脚理由，由于他们不停地重复使用，以至于坏事有时也能变好事，其中却已经包含了一个他们意料之外的论据。正如伏尔泰以他的故事主角的名义所告诫人们的，认识乐观主义的反面需要的只是一颗诚实正直的心而已。事实上，在罪、痛苦与死亡这个舞台上，乐观主义给观众留下的印象如此之淡，以至于人们好像必须把它当成一部讽刺剧看待了，人们也好像不会从休谟（如上文所述）为我们精彩揭示的乐观主义的秘密源泉（即假装阿谀奉承，却对自己的结果半信半疑）那里，得到有关其根源的足够解释似的。

甚至为了反驳莱布尼茨主义者提出的公然诡辩式的论据，即说这个世界是所有可能的世界中最好的一个，我严肃而诚实地提出一个论据，即说这个世界是所有可能的世界中最糟的一个。因为"可能的"并不是说任凭自己幻想出一个什么东西，而是指能够实际存在并坚持住的东西。那么这个世界就如它应当所是的那样，是被设定能够容忍在一定的困境之下坚持存在的；但如果这个世界哪怕变得更糟一点，它就不能再继续存在了。也就是说，一个比之更糟的世界，因为不能继续坚持存在下去，所以是不可能的，这世界本身就已经是所有可能的世界中最糟糕的一个了。因为不光是当行星之间互相碰撞,更当在其运行轨道中实际存在的干扰物,只要其中的任意一个持续增大,而不被其他物质重新全部抵消掉,世界的末日便会马上来临。天文学家们知道,这个世界所依赖的条件是如何的偶然,也即是说,至少依赖的都是(物质)互相之间轨道运行时间的非理性关系,他们努力地计算出,那些干扰物总是会恰好地偏离,从而这个世界能如此这般地静止与运动着。尽管牛顿持有反对意见,我们仍然愿意希望,这个世界将来不会被计算失误。同时在如此这般一个行星运行系统里,实现了机械永动装置(perpetuum mobile),也不会像其他东西一样陷入停顿。在行星坚硬的皮壳之下还栖居着强大的自然力,一旦某次偶然的机会使它们获得了足够的行动自由,它们必将世界连同一切生物连根拔起,就像最近我们至少已经得悉了三次有关报道,并且将来很有可能还会更频繁。里斯本大地震、海地大地震以及庞贝城的湮没,只不过是这种可能性的诡异影射。一次细微的几乎不能一次就被检查到的空气化学病变,往往就能诱发霍乱、黄热病和黑死病,等等,能夺去数百万人的性命;那么一次稍微强烈点的病变便能熄灭一切生命了。地球气温非常适度的上升,恐怕也能令所有的河流与水源干涸。又比如,动物们的器官和力量一定并且恰好就是那么多,刚好满足他们竭尽所能地觅食和哺育后代所需。从而如果一个动物的一部分肢体或者该肢体的完整功能全部丧失,那么多数情况下它一定会丧生。就算是人类这个种族,拥有知性和理性这样的有力工具,却也是十分之九地生活在与缺乏的长期斗争中,挣扎在毁灭的边缘,也就是背负着贫乏与劳苦的重担,在这条线上走钢丝。不过无论怎样(生活的)各种条件都是恰好和微薄地被给予的，无论是对人类整体还是对个体的存续而言，都绝不会溢满超过，个体生命为了生存要处在不尽的斗争中，因毁灭的威胁渗入到个体生命迈出的每一步。正是由于此种威胁无处不在，所以生物胚胎种子的数量才达到了难以置信的多余。如此做法的目的在于，防止个体的毁灭导致整体种族的灭亡，而种族的存废严格说来只事关自然（本身）。所以如上文证明的，当世界命定变成此番模样的时候，这世界能够糟糕多少，便有多少糟糕了。曾经栖居在此星球上的完全另类的各种物种终结成了化石，这些化石作为账单样本遗留给我们关于某类世界的档案。那些世界已经丧失了继续存在的可能性，也就是说，它们曾是所有可能世界中比最糟的世界还要来得更糟的世界。

世界的真正造物主，即生命意志得意洋洋地将自己再现于创造物中，而乐观主义根本上是对生命意志不正当的自我诌媚。不客气地说，乐观主义不仅是一门错误的学说，更是一门腐朽的学说，因为乐观主义把我们的生命描绘成一个值得期许的状态，目标则是人类的幸福。由此每个人都会深信自己诉诸幸福与享受的正当权益，一旦就像经常发生的那样，当幸福和享受润泽不到他，他便又相信，这是对他的不公义。是的，他缺少的恰是他的存在目标。较之正确的说法应是，劳作、拮据、贫乏与痛苦能被视为我们生命的目标，却要依靠死亡来对之实行加冕活动的（正如婆罗门教和佛教，当然也包括真正的基督教所为），因为它们其实是要将我们引向生命意志的否定。在《旧约》中世界被描绘成无边的苦海，生命是一个诠释过程，并且基督的象征是一副刑具。当莱布尼茨、沙夫茨[26]、博林布鲁克[27]、蒲柏[28]等人以乐观主义者的面目出现，人们对此普遍表示愤怒的原因是，他们的乐观主义学说与基督教义不协调，正如伏尔泰在他卓绝的诗篇《咏里斯本之难》的前言中为人们所诉说和解释的，该诗原本就是伏尔泰为反对乐观主义挥笔做成的。

注释

[1] 本章(即第 46 章"论虚无性与生命的痛苦")与第 1 卷第 56—59 节相关(第 422—447 页)。读者还可参阅《附录和补遗》第 2 卷第 11 和第 12 章。——叔本华原注

本文译自《作为意志和表象的世界》第 2 卷第 46 章，根据 *Arthur Schopenhauer Sämtliche Werke* Band Ⅱ, Stuttgart, 1986, S.733—754 翻译。

[2] 原文 Lockvogel，即是说幸福诱惑长寿者。但如叔本华下文中提及的，长寿者终究要为此付出代价的。——译者注

[3] 德文版中以问号出现，未能准确地考证出引文的来源。——译者注

[4] 沃尔特·司各特爵士(1771—1832)，苏格兰诗人和作家。——译者注

[5] 弗朗西斯科·彼特拉克(1304—1374)，意大利诗人。——译者注

[6] Nichtsein，与存在"Dasein"相对。——译者注

[7] 表示生命不再欠什么人的债了，请参考下文。——译者注

[8] 哈耳庇厄是古希腊神话中长着女人的头和秃鹫身体的怪物，菲纽斯是色雷斯的国王，被罚囚禁在荒岛。每当他要吃饭的时候，哈耳庇厄就会过来抢夺他的食物，并把剩下的都拉上粪便。——译者注

[9] 提图斯·玛奇琉斯·普劳图斯(约前 254—前 184)，古罗马早期喜剧作家。——译者注

[10] 原文 Gesetz，即表示国家制定的法律，也包含宗教戒律和法则的意思。——译者注

[11] 参见《论自杀》一文。——译者注

[12] 阿那克萨哥拉(约前 499—前 428)，古希腊自然哲学家。——译者注

[13] Zend-Avesta，古波斯祆教(又称拜火教)的宗教经典。——译者注

[14] 古波斯经典，包含宇宙论和神话学，以阐明世界是由善恶斗争构成的。——译者注

[15] 马丁·路德(1483—1546)，德国神学家，宗教改革运动发起人。——译者注

[16]　参见《论自杀》一文。——译者注

[17]　约翰·格奥尔克·哈曼(1730—1788)，德国哲学家，被认为是德国文学"狂飙突进"运动的先驱之一。——译者注

[18]　恩斯特·普拉特纳(1744—1818)，德国医学家和哲学家，普拉特纳在哈曼之后将休谟的《自然宗教对话录》全部译出，并于 1781 年出版。——译者注

[19]　弗里德里希·威廉·舒伯特(1799—1868)，德国历史学家。——译者注

[20]　格奥尔克·威廉·弗里德里希·黑格尔(1770—1831)，德国哲学家。——译者注

[21]　约翰·弗里德里希·赫尔巴赫(1776—1841)，德国哲学家、心理学家和教育家。——译者注

[22]　弗里德里希·施莱尔马赫(1766—1834)，德国新教神学家和哲学家。——译者注

[23]　戈特弗里德·威廉·莱布尼茨(1646—1716)，德国哲学家和科学家。——译者注

[24]　克里斯蒂安·沃尔夫(1679—1754)，德国哲学家，生在康德之前，为德国哲学的奠基人之一。——译者注

[25]　原文 Candide, ou l'Optimisme，《憨第德》中的主人翁。——译者注

[26]　安东尼·阿什利—科柏·沙夫茨伯爵三世(1671—1713)，英国哲学家，早期启蒙运动时期的作家与慈善运动者。——译者注

[27]　亨利·圣约翰·博林布鲁克子爵一世(1678—1751)，英国启蒙时期政治家与哲学家。——译者注

[28]　亚历山大·蒲柏(1688—1744)，英国启蒙时期诗人。——译者注

我们的真实本质的不灭性[1]

§134

　　尽管我已经在主要著作中,从整体上就该问题作过详细的论述,然而我仍然相信,在此就该问题的某些零散的思索为读者补充一点,这些零散的思索在阐释《作为意志和表象的世界》这本书上,也能放射出属于自己的耀眼光芒来。而且这份补充,对某些人而言也并非毫无价值。

　　如果人们想要知道一个聪明绝顶的人怎样被一个错误概念纠缠不清而泥足深陷,可以读一读让·保罗[2]的《瑟琳娜》,在书中他不愿意抛弃错误概念,他的心灵已经寄托在这个错误概念上,同时又被自己不能接受消化的奇怪现象搅得心神不宁。这一错误概念说的是,我们全部的个别意识在死后依然以个体的方式继续存在着。让·保罗所经历的挣扎与搏斗向我们证明,由正确的与错误的材料同时联结而成的概念,并不像人们所说的是什么高尚的错误,而是带有决定性的破坏作用。对灵魂与肉体之间对立关系的错误认识,就像人们认为升华全部个性可以通向永恒存在的物自

体一样,不仅仅使得建立在现象与物自体之间对立关系上的对我
们真实本质不灭性的正确认识,变成了什么时间、因果性和变易活
动不可触及的东西,进而被认为是不可能的;我们更应严格确保这
种错误概念一次都不能担当起真理代言人的角色,因为理性面对
一个新的概念,会先与该概念中的谬误成分相对抗,但是也会把与
该谬误紧密联系在一起的真理内容一并抛弃了。真理内容只能以
纯粹的方式永续地存在下去,一旦被当成谬误一并取缔之后,真理
本身也会染上部分谬误的特质,就好像花岗岩长期风蚀之后,虽然
石英和长母并未受到风蚀作用的侵害,但是整个花岗岩最终还是
崩碎了。所以说,所谓的真理代替品其实是个非常糟糕的东西。

§135

想要知道天底下的事情却又不愿学习的许多人中的某位,如
果某日向我们询问,什么是死后的继续存在,我们可以给他一个最
恰当并且也是最正确的回答:

　　　　　死后的你,就是未出生前的那个你。

这一回答以隐晦的方式把他的提问要求颠倒了过来,也就是告诉
他说,生命实存[3]的方式可以是没有终点的,虽然说生命实存还有
一个起点。此外,这种生命实存方式还包含这样的意思,也就是
说,会存在两个不同种类的生命实存,以及与之相对应的两个不同
种类的无。但是我们仍然可以这样回答他:"你死后究竟会去哪

里——假如说是无的话——那么你现在所拥有的个体有机存在（Dasein），便是自然与恰当的了。只是这样一来，也许你会非常地担心，在瞬间便发生这样的过渡。但是，如果人们成熟地思虑一番之后得出的结论是说，全然的虚无（Nichtsein）优于一个像我们一样的存在；那么如此一来，认为我们的生命存在消失或者说某个时间会停止的想法（我们因此不会再存在），才能以理性的方式呈现给我们，使我们不会有太多的悲伤，就像我们觉得我们从未存在过一样。正是因为我们现在拥有的这个存在，本质上只是一个个体的存在，所以也就没有必要把个体性的终结看成是什么损失了。"

　　假如情况相反，某人在客观和经验的道路上一直坚定地追随着唯物主义的脚步，现在却充满了对死亡招致全部毁灭的恐惧，对毁灭的恐惧现在使他的眼睛凝视到与之前唯物主义相反的事物上，故而走向我们寻求帮助，那么我们可以用最简便，同时也与他的经验领悟水平相适应的方式，设法使他先冷静下来。我们可以向他一目了然地证明，物质与将物质常常暂时纳入自己审视范围内的形而上学，两者之间存在的区别，比如说鸟蛋本来处于均匀无形状的液体状态；然而一旦温度达到了适合的程度，便产生出极其复杂与准确无误的形状，这一形状便决定了鸟的种类和性别。在某种程度上，这也是所谓自然发生论（*generatio aequivoca*）的一种方式。另外，还极有可能发生的情形是，一直保持原有状态，直到某一幸运时刻来临，属于鸟蛋的动物类型飞跃转变成了更高等的类型，动物类型的升级序列由之从中衍生出来。与物质相反的事物，任何时候都发生在最显眼的地方，只有在特殊的情形下，在某些极其微小而不适宜的事件或状况下才不显露出自己。与物质相反的事物,在事件完整的发生过程中,或是随后在受到阻碍的情形下,都能够毫发无损地避开物质而自成一体。所以,与物质在时间中的坚定性不一样,前者指向了一个完全不同的存续方式。

§136

永恒的存续非为任何个体,个体在死亡中走入毁灭。然而在这个过程中,我们其实毫无损失。个体存在的身后还矗立着某种完全不同的东西,个体存在只不过是这东西的外在体现罢了。这种东西不识得什么是时间,也不知道有什么存续和毁灭。

当我们设想有这么一种生物,它知道一切,理解了一切,甚至可以把一切都不放在眼里,那么对它而言,再去追问死后是否存续这个问题,就显得没有任何意义了。对它来说,超越现时时间性的个体性存在的存续及其终止问题,毫无价值可言,两者其实是没有什么区别的两个概念罢了。那么,在我们的真实与根本的本质上,或者说在现象中显现出来的物自体中,我们应该既找不到什么毁灭的概念,也发现不了什么存续的实际用途,两者其实都是从时间中借用过来的,而时间纯粹只是现象的时间。同时,我们也只能把现象内核的不灭性看成是现象内核的存续,而且根本上只是针对物质图像(Schema)来说的。物质在时间中在各种形式的所有变易中保持不变——如果有人否认现象内核的存续,那么我们只能在形式图像上把我们的时间性终结看成一个毁灭,因为当承载形式(图像)的物质抽离了之后,形式本身也便消失了。两者实际上是一个到另一个属的过渡（μεταβασιs ειs αλλο γενοs，亚里士多德著《论天》），也就是在物自体之外的各种现象形式之间的传递过渡。至于说不可灭性，如果不是说是什么（死后的）存续，我们也几乎不能用任何抽象的概念理解，我们缺少所有可以证实不灭性的直观认识。

从真理的层面说，新的物种的持续衍生与旧有物种的不断消逝都可以看作是一场骗局，像是由两块打磨好的玻璃构成的机械装置（大脑机能）制造出来的；靠着这一机械装置我们才能看到些什么，那些被称作时间和空间，以及交织于时空之中的因果律。所有我们在这些条件的制约下所感觉出来的东西，都只是纯粹的现象，我们认识不了物在其自身状态下的样子，这便是说，物自身的状态是独立于我们的感觉之外的。这点认识根本就是康德哲学的核心，但是一个时代过去之后，人们却不再能常常记起为何康德哲学及其内涵在过去的那个时代里，贩卖哲学的江湖骗子通过愚弄读者，把哲学从德国赶走了，而且还是在某些人的热心帮助下实现的。这些人认为真理和精神是无关紧要的事情，薪水和酬劳才是当紧的事情。

个体死亡时置身于外的那种存在，并不以时间和空间作为形式；所有在我们眼里真实的东西，其实只是在时空中显现为如此而已。基于这个缘故，死亡才能在我们的眼里显得好像是一场毁灭。

§137

每个人都会感觉到，自己不是被什么人从无中创造出来的生物。人们因此可以自信地说，他的死亡无非只是为他的生命，却不会为他的存在画上句号。人类根据时间式的知识形式（也即是说生命意志的肯定在其最高的客体化阶段）成为复苏诞生，然后又逐渐死去的物种。人类除了是生机勃勃的（物种）无（Nichts）之外，别无其他可能——动物亦是如此。只是为何人们还要猜测说，在一个人死亡的外表下，也蕴含着一个物自体在此走向了毁灭呢？倒不如说充其量是某个具体现象，在时间中即在现象的形式中，到达了自己的终点。但物自体本身却不会蒙尘，这一点是每个人都能直接而直观地认识到的。也正是因为这样，人们在历史上所有的时代里，以各种千差万别的形式和表达方式，致力于将这样的一种认识吐露出来，所有这些形式和表达方式除去现象的外壳之后，本质上都与这样的一种直观认识相关。

谁若表示他的存在（Dasein）被限于现时的生命之中，那么他也就是认同了自己是一个生机勃勃的无的说法，因为 30 年前他曾是无，30 年后他又重归于无。

当我们完整彻底地探究了最内在的本质事物，从而对我们自己的本质有了全面的认识之后，我们就会觉得，要求一个个体的不朽是多么可笑的事情。这好比是要求我们的本质自己与自己无数的外部呈现——划过天空的闪电——中的一个联系起来，进而可以否定掉我们的这一本质。

§138

一个人越是清晰地意识到所有存在物的不可损害性、虚无性以及梦幻性特点,那么他也越是会清楚地意识到自己内在本质的永恒性。因为存在物的这些特性,根本上只有处于与自己内在本质的对立关系中,才会被我们认识到;这就好比只有当一艘船驶向河岸的时候,人们才能知道这艘船正在疾驰中,坐在船舱里的人是不会有所察觉的。

§139

"现在"这个概念有两个半面:一个客观半面和一个主观半面。只有客观半面才以时间直观为形式,永不遏止地向前翻滚着身躯;主观半面却纹丝不动,所以永远是同一个。由此我们对久远过去发生的事情有鲜活记忆,由此我们对不朽有意识,尽管我们已经认识到我们的存在是短暂的。

在我的开端"世界是我的表象"之后,我还可以马上补上一句:"直到有我,才有这世界。"人们完全可以牢牢记住这句话,当成解毒剂来对抗将死亡与毁灭混淆在一起的想法。

每个人都认为,自己最内在的核心都包含了现在,并且这个现在与自己须臾不分离。

当我们总是想继续活下去的时候,我们的意识常常就站在了时间的中央,但我们绝对到不了时间的终点,或许由此可以得出这种认识,即每个人都身处全部无穷尽时间的不动终点之上。这也就是为什么人们自信地认为,他无需顾及死亡所带来的持续性惊恐继续生活下去。谁若是凭借其强大的记忆与想象能力,把生命历程里久远的往事以最鲜活的方式,再次呈现在眼前,那么他会比任何人都更能清晰地意识到"现在"在所有时间中的一致性。或许这句话反过来说会更正确一些，任何时候对"现在"一致性的清晰意识，都本质上不断地促进了人们对其进行哲学式的思考。通过这种意识人们认识到，最为流动不居的东西也就是"现在"，其实才是唯一不变的东西。谁若再能以这样一种直观的方式领悟到，"现在"在最狭窄的意义上，亦是所有现实性（Realität）的唯一的形式，其根源却植于我们的身上。也即是说，它从内部而不是从外部发源出来，那么此人不会再对自我本质的不灭性有什么怀疑了。不久之后，他更会了解到，死亡虽会令客观世界及显现出世界的媒介——智力，在他面前一起毁灭，然而他的存在（Dasein）却未被击倒。因为无论在内部还是在外部，存在所具有的现实性其实是同等多的。他还会完全领悟了这句话：

> 我即是一切曾经是的，现在是的，以及将来会是的东西。
> ——斯托拜厄斯：《著作集》第 2 卷，第 202 页

谁若认为所有这些观点都是不可靠的，那么他必须提出相反的意见，并且会这样说道："时间是纯粹客观性的东西，是实存之物（Reales），完全独立于我而实际存在着（existieren）。我不过是很偶然地被抛到（Hingeworfen）这个世界上，只是作为时间中的一小段而被捕捉到，从而就像千百万在我之前的人一样，获得了一个转瞬即逝的现实性（Realität）。那些前于我的人现在已经化成了无，而我亦将马上化成无。时间却相反，是实存之物，时间在没有我之后继续前行。"我想正是因为这句话果敢有力地表达了其观

点,人们才会感觉到这个观点的荒谬和根本性错误何在。

依上所述,生命必定会被看成是大梦一场,而死亡却是梦醒。个性和个体只属于睡梦中的意识,不为觉醒的意识所有。因为对前者而言,死亡即意味着毁灭。遵循这个基本观点,任何时候都不会再有人认为,死亡过渡到什么完全新的与陌生的状态之中,倒不如说人只是踏回了为我们所有的原初状态。在这种状态中,生命不过是一小段插曲。

如果某位哲学家还想要猜度些什么的话,他会在死亡逝去中找到那唯一能安慰他的东西,他一定会发生一个思想的转变。因为原本一直困扰他的问题现在自己解开了,曾竭力在概念中找寻所要找寻之物的他,或许此时可以让灯笼熄灭了吧。

意识在死亡中必定走向灭亡,但绝不是说,到此时为止把意识制造出来的东西也都会一并灭亡。意识首先建立在智力之上,而智力又依附于一个生理学过程。因为智力明显是大脑的机能,并以神经系统和血管系统的互相合作为条件。更进一步说,受制于由心脏供给给养的大脑,受制于处于活动状态的并不断接受刺激的大脑,受制于大脑充满了谜团的人造式结构,解剖学可以将这一结构的模样描绘出来,但生理学却不能理解此为何物。但正是通过这些条件,对客观世界的现象认识与思想的形成装置才是可能的。一个个体的意识,甚至可以说任何一种意识,是不能想象存在于一个没有躯壳的生物体中,因为任何一种意识的条件,即知识,必然是一种大脑机能——根本上是因为智力在客观上要显现为大脑。由于智力在生理学上,也就是在经验的现实性上,即是说在现象层面中只是作为次要性的东西,作为生命过程中的一个结果而

出现。所以，智力在心理学的层面上，作为意志对立面的智力，也
只是次要性的，意志才是主要的，无论何时何地都是原初性的。要
是说本质上甚至连有机体本身，都只是那在大脑中直观而客观地
自我显现出来的意志，即在大脑的形式空间与时间中自我显现出
来的意志；那么，正如我经常提到的（详情可参见《论自然界中的意
志》和《作为意志和表象的世界》两本书），因为意识并不直接依附
于意志，需要透过智力，而智力又以有机体为条件，人们便不会再
有丝毫怀疑意识会随着死亡一道熄灭——就像人在睡梦中和昏厥
时的情形一样。[4]但是，请人们大可放心！试问，这样的一种意识
究竟是什么？一种脑部的意识，动物性的意识，一个比本能的动物
性要高级的意识，只要我们把意识和全部的动物链条放在一起观
察，就会认识到，意识不过是在我们的身上到达了自己的顶峰而
已。我已提供了足够多的证明，说明这种意识就其目的和起源而
言，纯粹就是一个自然的机械装置（μηχανη），一个解决方案，用以
帮助动物性生物满足自己的需要。对于我们而言，死亡所返归的
状态（Zustand），便是我们的原初性状态，也就是我们的本质自我
本有状态，这一状态所蕴含的原初力量，在制造生命和维护趋向死
亡的生命时，将自己显露出来。这也是现象之反面物自体所有的
状态。毫无疑问，在这种原初状态（Urzustand）中，为我们提供极
高间接性纯粹现象的认识活动，便绝对是多余的；在原初状态中我
们不久也会忘记了这样一个认识活动。从我们的角度说，该项认
识活动的撤销与现象世界的停止是同步的，现象世界的媒介就是
这种认识活动；除此之外，现象世界的媒介也不会再有什么别的服
务内容了。如果有人认为，在我们的原初状态中还可以保留住动

物性的意识,那么就像治愈了的麻风病人会把拐杖扔在一边一样,其实我们也会把这种意识从身旁撵走。若谁还要为纯粹适用于现象和服务于现象的大脑意识的消失鸣冤和抱不平,我们就只能将他和格陵兰岛上的改教者相提并论了。当这些改教者听说天堂里没有海豹皮的时候,连天堂都不想去了。

　　所有我们在这里讨论的内容,都建筑在这样一个前提上,即我们面对一个并非无意识的状态,只能将其当成一个认识者的表象为我所知;也就是所有认识活动的基本形式,即在一个认识者和一个被认识者的关系中分割出主体与客体。我们还必须考虑到,认识和被认识的全部形式完全只是以我们动物性的自然属性,即以极其次要的与被动的自然属性为条件;但所有本质性事物与所有存在的原初状态,绝对没有可能是这样,从而与之相比,存在的原初状态是完全不同的事物,但并非无意识的。甚至连我们自身现在的本质,如果我们有能力深入到内部一探究竟的话,便可以知道是意志,但意志本身[5]依然是不可认识的。如果我们因为死亡而丧失了智力,那么我们却也将因此置身于无知识的原初状态之中。这种状态并不是无意识的,而是超越了原有形式更为壮美之物,是主客体对立消失的地方。在原初状态中,被认识者与认识者实际上已经直接合而为一,这意味着所有认识活动(也包括对主客体对立的认识)的基本条件不见了。(请读者参见《作为意志和表象的世界》第 2 卷第 273 页的解释内容。)另外,焦尔达诺·布鲁诺[6]与我们的表达方式略有不同,针对这个问题他说道(瓦格纳版,第 1 卷第 287 页):

神性的精神与绝对的单一性没有区别，并且是一致的，在其本身而言，都是所认识和所被认识之物。

或许每个人只有在内心的最深处，凭借意识某次偶然地意识到，还有一个完全不同类型的实存在本质上对立地存在着，这实存与那极其微不足道的实存，束缚在时间个体性中困苦不堪的实存完全迥异。人若有了这样的意识便会想，或许死亡能够把他重新带回到那种实存之中去。

§140

如果我们现在从上述由外而内观察方式的反面，再从内到外来看待这个问题的话，完完全全以客观的角度理解显现于我们眼前的世界，那么死亡对我们而言，就绝对是一个趋向无的过渡阶段了。出生则相反，又是从无中生有了。某样东西或某样别的什么东西都不可能是无条件绝对真实的，它们有的只是现象的现实性。同样的，也没有什么奇迹可以比我们在日常生活中用肉眼就能看见的东西更壮观，也就是在任何一种意义上，我们都会在死后继续存活。凡是死去的都会走到所有生命降临的起点上，那也是逝去之人重获生命的地方。根据普鲁塔克[7]（《伊西斯和奥西里斯》第29章）的解释，该词的意思为接收者与给予者（ο λαμβανων και διδους），其意思是说地狱既是一切回归的归宿，又是产生所有生命的源泉。据此我们的生命似乎可以被当成向死亡的一份借贷：睡觉是为了偿补欠款的日息。死亡毫不掩饰地展示出个体的终结，然而在终结的生命中却孕育出新生命的胚胎。所以我们也可以这么说，所有逝去的永远毫无所逝，没有任何新生之物从根本上拥有新的存在。正在消逝的东西会走向毁灭，其胚胎却留驻不动，新的生命亦从中诞生出来，新生命在现在之中存在着，却不曾知晓，自己从何而来且何以恰是如此这般地存在着。这便是轮回的奥秘，读者可以在我的主要著作第 2 卷第 41 章找到我对轮回的进一步解释。由此我们明白了，所有在眼前瞬间活着的生物，包含了所有将来活着的生物的内核，而将来的所有生物也就在某种意义上已经是在现在活着了。同理，现在似乎正值生命旺盛期的任何活着的动物都会向我们大声说道："你何以要抱怨鲜活生命的逝去呢？如果不是所有先于我的同类已经消亡，我又何以能够存于此世界呢？"据此我们甚至还可以这么说，在这个世界舞台上，可以不断更换剧目和演出道具，但是在所有的演出中演员总是那些人。我们现在同席而坐，互相攀谈，乃至互相生气，眼睛瞪得很大，发出高亢的声音；然而一千年前，有另一些人完全和我们现在一样同席而坐；那时的情景与现在没有差别，那时的无数情景与现在没有差别；千年以后的将来也会有这般情景出现，使我们不能全部置身于其间的便是时间装置了。

　　我们似乎可以把灵魂转生当成是所谓的灵魂从一个肉体向另一个肉体的全部过渡，轮回转世与之不同。轮回转世是个体的分解和重塑，唯独个体的意志留而不去，取得一个新生命的形式，拥有一份新的智力。好比说，个体可以分解成中性盐，但其基础与其他酸性又可以合成新的盐。维吉尔注疏家塞尔维乌斯[8]对灵魂转生与轮回转世的区分，以及韦恩斯多夫[9]在《灵魂转世论》中做的简短论述，很显然都是错误的和毫无用处的。

　　根据哈代[10]的《佛教手册》一书（第 394—396 页，读者还可以对比参考该书的第 429、440 和 445 页），宋格曼龙[11]的《缅甸帝国》一书，再有就是依据《亚洲研究》（第 6 卷第 179 页和第 9 卷第 256 页），我们可以知道，佛教关于死亡存续的问题，既有通俗的解释，也有神秘的理论：前者像是婆罗门教中的灵魂再生学说一样，后者则是非常晦涩难懂的轮回转世之说，然而却与我在论及智力的纯粹自然特性及与之相适应的短暂性质时所谈到的意志形而上学构造极其相符。——轮回转世（Παλιγγενεσια）在《圣经》的《新约》中便也出现了。[12]

　　如果还想更深入地了解轮回转世的秘密，那么读者可以在我的主要著作第 2 卷第 43 章找到某些有益的内容。一旦我们更贴近事物的本原观察，便会发现在我们的眼前，男性在所有的时代里更显得像是意志的保护者，女性则是人类种族智力的守护者，人类种族赖此可以永远地存续下去。每个人也都因此有着一个父性和一个母性成分，二者因生育活动协调在一起，也会随着死亡而凋零，死亡由此便意味着个体的终结。我们痛苦地哀悼一个个体的逝去，感觉似乎该个体真的陨落了，因为这个陨落的个体曾经作为纯粹的联合体，现在不可逆地停止了运转。然而一番谈论之后，我们仍然不允许忘记的是，正如我在《作为意志和表象的世界》第 2 卷第 43 章中所言，由于智力次等的纯粹自然本质及其对生命体有机组织的完全依赖性，使得我们从母亲身上继承智力这一行为，并不像从父亲身上继承意志一样，具有决定性的意义，并且是无条件的。顺便提一下，当柏拉图在其所谓的灵魂中区别出一个非永生部分和永生部分时,我便与他相向而遇了。当柏拉图以所有先于我的哲学家们所常用的方法,将智力描绘成是不朽的,将欲望与激情所占据的意志相反说成是可灭的时候,柏拉图便站到了我的对立面,也就是站在了真理的对立面上——读者如果想要深究可参见《蒂迈欧篇》(双桥版,第 386、387 和 395 页)。亚里士多德也是这样确定两者的内容。[13]

　　正如将意志与智力联结在一起的个体,通过生育和死亡先是被聚合在了一起,然后又被解体,自然物惊异而又令人百思不得其解地把自己展现了出来。但是作为自然之物根据的形而上学之物,却依然拥有完整匀称的本质属性。我们可以安心的是,形而上学之物不受自然之物的冲击。

　　人们可以因此从两个互相对立的基本视角观察每一个人,一方面人被困在时间之中慢慢趋向灭亡,是如白驹过隙般匆匆划过的个体,是影之梦(σκιας οναρ),被困锁在错误和痛苦之中;另一方面人又是不朽的原初本质,在所有的存在物中显现自己,作为原初本质的人就好像赛易思[14]的伊西斯神像上所说的:Εγω ειμι παν το γεγονος και ον και εσομενον.——当然这样的一种本质,在如此这般的世界中,本该以更优美的姿态显现自己。只是因为现在的这个世界,是充满了(个体)终结的世界,是充斥着苦难与死亡的世界。所有在这个世界中存在的以及从这个世界生出来的,都必将结束和死去。唯独那既不从这个世界而来也不会在这世界中结束的东西,像一道闪电一样,以至高无上的权威划过这个世界,远在天际鸣闪着,却不曾认得什么是时间,也不知晓何为死亡。哲学的主题,根本上就是要把这些处于矛盾对立中的事物联结起来。[15]

§143

短对话一篇

泰拉西摩克斯[16]（以下简称泰）：我的问题很简单，告诉我，我死后是什么？——请清晰而准确地回答我！

费拉勒特斯[17]（以下简称费）：你是一切和一切都不是。

泰：那么我可以这样回应你，你所提出的问题解决方案其实是自相矛盾的。老掉牙的伎俩了！

费：在只为内在知识准备的语言里，却提出超验性的问题，为回答这样的问题人们绝对会陷入自相矛盾的地步。

泰：你所谓的超验知识和内在知识是什么？其实我对这两个词也很熟悉，是从我的教授那里得知的；两者仅仅只是敬爱的神所有的谓词罢了，我教授的哲学却非常得体地处理与神相关的内容。其实可以说，藏匿在世界之中的便是内在的，而属于世界之外的什么则是超验的。看吧，我的理解多么清晰，我的解释多么易懂！人们自然会知道到底该遵循什么原则。现在没有人能够再明白，你那老掉牙的康德式术语是什么意思了。如今的时代意识建筑在德国科学的中心大厦之上。

费（低声地说）：德国的哲学式的吹嘘之上。

泰：因为一些伟大人士的相继努力，特别是要向施莱尔马赫和黑格尔致敬，我们的认识已经回到了所有事物的本原上，或者更应该说是已经向前跨了大步，已经对所有的事物有了充分的认识，已经一览而无余了。所以，你的意思究竟是什么？

费：超验知识其实是这样的知识，超越了所有经验的可能性，而致力于规定物的本质内容，也就是规定物在其本身状态时的本质内容；内在的知识则相反，限于经验的可能性范围之内，从而也只是和各种现象有关。你作为个体，因死亡而终结。但是个体并不是你真实的最后本质，充其量不过是本质的纯粹表现；个体并不是物自体本身，而只是物自体的现象，物自体以时间为形式显现自己，所以才会有开端和结尾。但个体的本质自身却相反，并不认得什么是时间，什么是开端，什么是结尾，或者什么是个体性的限制。所以说，本质并不会被任何的个体性排除在外；而是应该说，本质皆在每一个以及所有的个体中。在前一种情况下，你会因为死亡而什么都不是；但在后一种情况下，你是一切，并将一直是一切。正是由于这个缘由我才会说，你死后会是一切，也会一切都不是。要求我以简洁的话语回答你的问题，那就只能是这个晦涩难懂的答复，因为你的生命存在于时间之中，而你的不灭性却在永恒里。所以，人们也可以把这种不灭性叫做没有死后持存的不灭性，有的时候也就会陷入自相矛盾的地步（令人无法理解）。然而一旦超验之物被带入内在的知识中被审视时，内在知识会被滥用到内在知识根本还没有诞生出来的地方，所以往往会以某种形式的暴力局面收场。

泰：听啊，我的个体性不能死后存续，那么你所谓的全部不灭性也就是不值一钱的东西了。

费：或许可以和你做这样一笔交易，现在请你坐下，我保证你的个体性可以死后存续；但是有一个条件，也就是在个体性再度复醒之前，个体还要有三个月的时间，全然无意识地沉睡在死亡之中。

泰：如果我同意的话。

费：那么，在全然无意识的状态里也根本就没有什么时间长短之分，所以对我们而言，如果我沉睡在死亡之中，那么不管在有意识的世界中，相同一段时间经历了三个月还是一万年，都是无所谓的。因为当我们醒来时，依据信义诚实的原则[18]，我们必须接受这两种没有区别的状况。所以说，是要三个月后还是一万年以后再把你的个体性交还给你，对你而言也是没有什么区别的。

泰：这点我应该不表示反对。

费：而且我们假设，在历经了万年的时光流逝之后，我们完全忘记了还要把你再唤醒起来；那么我相信，你几乎已经习惯了极短暂存在之后长长的非存在状态了。所以发生这样一件不幸的事情也并不算太糟糕，我还可以确定的是，你也不会从中感到有什么异样。而且如果你知道，推动着你现在的现象不断运动的力量，在那万年的岁月里没有片刻停留，使同类的其他现象不断地显现出来，使之不断地运动着，那么你会为此感到欣慰的。

泰：所以?！你以为用这种伎俩谈论个体性问题，就可以悄悄地不让人察觉地把我骗了？你的这些伎俩愚弄不了我。我提出了使我的个体死后持存的条件，但不是用什么推动力和现象就可以把我搪塞掉。对我而言，个体性是至关重要的东西，我不能没有它。

费：看来你把你的个体性当成惬意的、优越的、受欢迎的与无与伦比的东西了，也就是没有什么东西能比它更好了；你也不想用什么别的东西跟它交换，即使有人宣称，在别的地方人可以活得更好,活得更轻松?

泰:请你看清楚,我的个体性就是我的个体性,如其所是,它就是我。

> 世界上没有什么还高过我,因为神是神,我是我。
>
> ——歌德:《森林之神》,2,17f.

我,我,我要存在! 这便是我,不需要一个人再来跟我唠叨,那是我的存在。

费:请你回过头来看看。"我,我,我要存在"这句话究竟在呼喊些什么,不是唯独为你呼喊,而是为了意识中的一个印记所拥有的一切,彻彻底底的所拥有的一切而呼喊。你所愿望的也不是什么特别的,而是千千万万人都可以拥有的,个体性中也生不出这样的愿望来,根本是从存在(Dasein)中得来的。这一点对任何一个存在的人而言都是本质性的,任何一个人都因这样的愿望而存在着,也由此才能因为自己的存在感到满足,就好像这存在只为满足自己。但是其实维系一个人的存在,根本上完完全全就不是什么特定的个体性存在,尽管任何时候看上去似乎是这么回事。那只不过是因为,人除了以一个个体生物的形式意识到存在之外没有别的方法,所以任何时候存在都好像只与他一个人有关。这是一个赤裸裸的假象,我们的个体被束缚其中,但是反省思维却可以将枷锁击碎,把我们解放出来。个体只是存在急切间接需要的东西,存在直接和根本就是生命意志本身,在所有的个体中生命意志都是一个,并且都是同一个。存在本身就是意志自由创作的结果,是意志的纯粹反照，所以存在不能从意志中脱离，而意志——这永不满足的意志，却可以暂时被存在填满，直到存在没有能力再来满足意志的需求为止。全部的个体性对意志而言没有什么差异，意志根本也从来不提及有什么个体性，只不过是因为居于身体中的个体直接聆听到了意志的声音，显得好像是意志在对个体说什么是个体性似的。意志小心翼翼地守护着一份存在，就好像这个个体存在离开了意志便不会再出现似的，意志也正是用这样的方法确保了种族的延续。所以我们可以得到这样一种结论，即个体性不具备完整性，而具有局限性；因此，从个体性中脱离也就不会有丝毫的损失，倒不如说得到的利益会更多。所以请你好好考虑一番，尽管你可能会觉得此事幼稚且可笑至极，但当你真的认识到你的真正本质，并且穷尽到了源头，也就是说，认识到了成就生命的永恒意志时，你才会知道，它就是你。

　　泰：你自己才是幼稚且可笑至极，所有的哲学家都是这副德行。像我这样一位成熟稳重的人士，任凭傻瓜们要尽伎俩，大谈了15分钟，无非是为了找点乐子打发时光。不过现在，我有一件更重要的事情去做了：愿上帝保佑你！

注释

[1]　根据 *Arthur Schopenhauer Sämtliche Werke* Band Ⅴ, Stuttgart, 1986, S.310—333 翻译。

[2]　让·保罗(1763—1825)，德国作家。——译者注

[3]　原文是 Existenz，或称存在，指具体的存在。——译者注

[4]　可是要说智力并不随之死亡的话，则是一件非常可笑的事情。那样一来，某人在一个世界中学会的希腊语，也就完全可以带入到另一个世界中去了。——叔本华原注

[5]　原文是 Erkenntnislos,无法以知识的形式认识意志,但并非表示意志是不可以被意识到的。——译者注

[6]　焦尔达诺·布鲁诺(1548—1600),意大利哲学家与科学家。——译者注

[7]　普鲁塔克(约 40—125),古希腊传记作家。——译者注

[8]　莫鲁斯·塞尔乌斯·诺拉图斯(生活于 4 世纪),古典晚期语法学家与维吉尔注疏家。——译者注

[9]　应指戈特利·普韦恩斯多夫(1668—1729),德国路德宗神学家与历史学家。——译者注

[10]　斯彭思·哈代(1803—1868),《佛教手册》作者。——译者注

[11]　应指宋格曼龙(1758—1819),意大利传教士。——译者注

[12]　《马太福音》19,28:死去的人会再起。《提摩太书》3,5:旧人会在新人中再生。——叔本华原注

[13]　《论灵魂》的开头,亚里士多德无意间将自己内心的想法泄露了,他说 νους 根本指的就是灵魂和不朽——亚里士多德却用错误的观点证明。事实上"仇"与"爱"并不属于灵魂,而是从属于灵魂的机体组织,也就是属于短暂可逝的部分。——叔本华原注

[14]　古埃及城市。——译者注

[15]　要相信说生命是一部小说,但这部小说就像是席勒的《幽灵先知》一样缺少一部续集,更会像斯特恩的《感伤之旅》一样,往往还在连载中就突然停刊了——这是一个美学上和道德学说上完全令人难以理解的想法。

　　　　对我们而言,死亡是并且一直是一个消极(Negatives)物——也就是生命的戛然而止,然而死亡也必须有积极的一方面,只不过这一面未曾向我们揭开过面纱,因为我们的智力绝没有能力理解这积极的一面。所以,我们只会认识到我们因死亡而失去的东西,却不会察觉到我们因死亡而收获了什么。

　　　　意志作为现在正在走向毁灭的现象的内核和物自体是不朽的,而意志因为死亡而承受的智力损失,正是此个体意志的一条冥河(lethe)。如果没有这个个体意志他便会记起许许多多发生过的现象,他便是这些现象的内核。

　　　　当人死亡后,人便应当像扔掉一件旧衣服一样,将其个体性抛弃,然后满心欢喜地穿起更新的新衣裳。只要人们根据已经聆听到的教诲,便可以不顾前者而欣然接受后者。

　　　　要是人们责难世界精神说,世界精神在所有个体短暂地存在之后又都通通地毁灭了;那么世界精神或许会这样为自己辩解:"请他们仔细看看,

这些个体到底是什么,看看这些个体犯下的错误,做出的可笑之举和可恶之事,看看他们丑陋肮脏的脸!难道我必须永远让这些个体存续下去吗?"

对造物主(Demiurgos)我或许会说:"为什么要花掉一半的神通用来不竭地制造出新的人来,并且不断地去摧毁已经活着的人?为什么不一劳永逸地在已经活着的人中间把这个问题解决了,让他们继续活下去,直到永恒呢?"

造物主或许会这样回答我:"是他们自己想要造出新的人来,我们不得不为他们腾出空位子——但是,就算不是这么回事!——就算假设,如我们所说过的,一个永远继续不灭的种族,一个永远前行不止的种族,除了存在没有其他目的的种族,从客观上看是非常可笑的,从主观上看则是一件无聊透顶的事——更不要说,当你可以回忆起你的往昔岁月时,好好想象一下那究竟是幅什么样的美景吧!"

我说:"嗯,是的,如果是那样,他们会以任何方式,弄点什么东西出来吧!"——叔本华原注

[16]　或指古希腊哲学家、雄辩教士,约生活于公元前 5 世纪,以下简称泰。——译者注

[17]　叔本华具体指代何人,尚待考,以下简称费。——译者注

[18]　法律用语,日本译名。——译者注

对物自体之反面现象的一些考察[1]

§61

物自体即意味着独立于我们的感知之物之外，是真正的存在物（Seiendes）。德谟克利特认为物自体是有形的物质，但在洛克和康德的眼里却是个×，在我眼里就是意志。

下面这段由恩披里克[2]（《反知识》）提供的引文，可以证明德谟克利特其实完全也是在后者的意义上接受了物自体的存在，从而站在思想的顶峰听到了这一消息。恩披里克将德谟克利特的著作放在了自己的著作前，并且一直逐字逐句地引用德谟克利特的原话：

> 虽然德谟克利特否认，有什么东西向感官感觉显示自己，但是却也宣称，没有什么显现出来的东西可以是真理（那样），只不过是向我们所展现的那样；在真理中真正实存的东西只有原子和虚空。

我建议各位读者把这整段引文再读上一遍，接下来请看下面这
句话：

> 在真理之中，我们认识不到一个物体是如何被创造出来
> 的，或是如何不被创造出来的。

同样：

> 要在真理中认识所有的事物是如何被创造出来的，是很
> 困难的。

上述所有引文段落都告诉我们：

> 物自身该是什么模样，我们是认识不到的；我们所能认识
> 的，仅仅是其显现的样子。

这一过程是先从决定性的唯物主义出发，然后都走向唯心主义，最
后由我来终结。虽然康德在整体上已经就物自体与现象的区别，
做了清晰与明确的解释，但我们还是可以将眼光转向波菲利[3]的
一段话。这段话由斯托拜俄斯在第一本（残篇第 3）著作第 43 章
为我们保存了下来，这段话是这样的：

> 所有感性的与物质性的东西，无论从哪个角度看都是相互
> 分离和可变的，这实际上是……但是真正的存在之物，自我存在

之物,是在自身之中永恒地被确立起来的,也便是始终不变的。

§62

就像我们只能看到这个地球球体的表面,看不到地球内核包含的巨大与坚硬的物质,我们对这个世界和世界上所有物的经验认识,除了对其现象的认识之外,别无其他。也就是说,我们只能认识它们的表面。物理学的责任便是对此进行准确的探究。然而,说有一个地球表面的同时也意味着假定了一个内核,人们说这一内核不是纯粹的平面物体,而是一个立方体;那么形而上学(后物理学)的责任便是探究该立方体的特性并得出结论。但是想要遵循纯粹现象的法则,企图确立物自体本身,好比某个人想要在平面上根据平面体的法则,建造一个立体几何式的物体。任何超验式的系统哲学都在尝试依照现象的法则确立物自体,所以他们都失败了。这就好像要把完全不相似的图片前后叠在一起,一旦有人把它们转动起来就会发现,要么一会儿这边,要么一会儿那边会冒出棱角,所以常常很蹩脚。

§63

由于在自然界中,任意一个生物同时既是现象又是物自体,或者说即是被动自然(*natura naturata*)又是能动自然(*natura naturans*),那么以此类推下去,我们也就应该具备能力对这个世界进行双重解释;既可以以物理学的方式,也可以用形而上学的方式。

物理学解释任何时候都要从原因出发，形而上学任何时候都要求从意志出发；意志在无认识能力的自然界中表现为自然力，在更高级的层次上表现为生命力，在动物和人的身上则有了"意志"这个称谓。不过严格说来，在人的身上也有可能从纯粹物理学的角度，推导计算出人应具有的智力程度与方向，以及人的性格中的道德特性。照此来说，智力的程度与方向便依赖人的大脑与神经系统，以及对之能够施加影响的血液循环系统；人的道德特性则有赖于心脏、血管系统、血液、肺、肝、脾、肾、肠道、生殖器等器官的特点与协作状况。当然我们还可以说，就像比沙[4]和卡巴尼斯[5]所做的，我们还可以对那些调节物理学与道德关系（*rapport du physique au moral*[6]）的规则要求一个更精准的认识。只不过后两者仍然会将认识还原到更为深层次的物理原因上，也就是溯源到父母的特征上；因为父母能为与他们同类的生物提供胚胎，只不过不能孕育出更高等和更加完善的生命体。形而上学却不同，必须将人解释成全然自由与原始意志的现象，意志赋予人相适的智力，而人所有的行为又都全部归结为意志的行为；即使人有时根据自己的性格行为会与给定的动机相冲突，意志又以作为身体行为结果的方式出现。在形而上学的视野里，人与其父母的区别并不是绝对的。

§64

所有的理解（Verstehen）行为都是一次成像（Vorstellen）行动，所以本质上都被束缚在表象（Vorstellung）的领域内，又因为表象只为我们提供现象，所以所有的理解行为又都被限制在了现象的范围里。物自体开始的地方则是现象停止的地方，也是表象以及表象的理解活动停止的地方。在这个地方伫立的是存在物（Seiendes）本身，人以意志意识到它。假如这种意识活动是直接的，我们便可以获得对物自体全然等值的认识。然而，只有当意志赋予我们一个有机的身体躯壳，借助身体某一部分的协助又赋予我们智力；然后通过智力意志才能在自我意识里被发现并被意识成为意志，我们也因此才有了对意志的认识。那么认识物自体的前提首先是，认识者和被认识对象之间已经被区隔开来，然后需要再借助与大脑的自我意志不可分隔的形式——时间的帮助，所以对物自体的认识也就不会是完全的，也不会与物自体本身是等值的（读者可以参见《作为意志和表象的世界》第 2 卷第18 章的内容）。

此外，我还想附上我在《论自然界中的意志》中标题为"物理天文学"下探讨过的一个真理，那就是对某个事件过程或对某些关系领悟得越清晰，则越会继续束缚在纯粹的现象世界里，与物自体越行越远。

物自体与现象的区别也可以说是物的主观本质与客观本质的区别。物的纯粹主观本质就是物自体自身，从而不能成为认识的对象。因为所谓认识对象，本质上总是要在认识者的意识中成为意识表象的可认识之物，可认识之物所自我显现的东西，便是物的客观本质。物的客观本质才是认识的对象，作为认识对象也只能是纯粹的表象，且只有借助某种表象认识机能才能被人认识到，这样的表象认识机能也必然带有属于自身特有的特质以及从其特质中衍生出来的认识规则。总而言之，物的客观本质是纯粹的现象，这样的现象与物自体相关。自我意识,也就是在自我认识中我活动的场所,也就是物的客观本质有效的地方。虽然物的客观本质在人的智力中认出自己,也就是在表象的认识机能中认出了自己。不过通过外感官作为有机形态,通过内感官则作为意志被认了出来,意志行为在外感官中通过有机形态同时地重复出现,看上去就如意志行为在内感官中被内感官的影子重复着,两者共同指向了一个同一性,也就是那个称为"我"的东西。不过正是由于这样一种二重性的认识,同时由于智力与其发端或称与其根源意志如此地接近,使得我们对物的客观本质的认识,也就是对现象的认识,与对物的主观本质也就是对物自体的认识之间的区别,还是要比我们对物的客观本质的认识与借助外感官,或者意识在自我意识的对立面中对某物的认识之间的区别要小得多。所以对物的客观本质的认识只能通过内感官才能真正实现,那么附着于上的形式就只能是时间,不会再是空间了。时间是主体与客体的对立之后,唯一仍能将物的客观本质与物自体隔开的东西。

§65

当我们注视任意一个自然界中的生物,比如某种动物,观察它的生存状况、生活习性和对其他生物的影响,那么不管动物学和动物解剖学教给我们什么,这个观察对象在我们的眼前仍旧是一个未解开的谜团。但是,自然要永远在我们发问前,食古不化地一直保持缄默吗?难道自然就不能像所有成年人那样开诚布公地告诉我们?哪怕这样会让人觉得很幼稚。比起说因为我们过去提出的问题是错误的，有失偏颇的，是从错误的前提假定出来的，或是我们完全诉诸一个矛盾的事物，是不是还有这样的可能，即是说基于某种其他我们所不知道的理由，我们才没能得到自然的回答呢？我们可否做这样一种设想，可能还存在着某种因果联系，在本质上永远都是无遮蔽状态的呢？——负责任地说，都不可行。倒不如说自然不可探究的原因在于，我们在一个对因果形式而言陌生的领域内研究原因与结果的关系，也就是说，我们在一条完全错误的轨道上思索着因果链条。我们要寻找自然的内在本质，但是自然的内在本质却站在根据律的主轴上，在每一次现象的显现活动中与我们博弈着——根据律才是我们的智力把捉的现象，即认识事物表皮的纯粹形式；只不过我们一直想要越过现象来认识。根据律在现象的范围内是充足和行之有效的。举例来说，我们把某个动物的存在状态解释为生育活动的结果。不过根本上说这也没有什么秘密可言，因为对生育活动的解释和其他任何某个由结果推出原因的努力一样，我们所获得的成果甚至与最简单的因果解释内容都没有什么区别，这些因果解释最后又都会止步在不可理解之物面前。而且就算我们知道在动物的生育活动中，还有一些因果关系因素被我们忽略了，这也不会在根本上令事情起什么变化。因为即使我们全部知悉了这些因素，我们还是会止步在不可理解之物之前。所有的一切都只是现象，而不会成为物自体。

　　物的内在本质在根据律之外。物的内在本质是物自体，是清澈的意志。意志之为意志，在于意志意欲如此；而意志之所以如此意欲，在于意志之为意志。在任何的生物体中，意志是绝对的实存之物。

§66

所有的物的基本特征便是消逝,我们看到所有在自然界中的存在物,从金属直到有机物,有时是因为自身存在(Dasein)的缘由;有时候则是因为与其他存在物之间的冲突,都会变得精疲力竭、消耗殆尽。然而我们要问,自然究竟是如何在无穷无尽的时间中,将存在物的各种形式维持住,不断地更新个体,重复着数不清的生命过程,却又不知疲倦。如果不是因为自然的内在核心就是一个没有时间约束的,从而是全然不会枯竭的东西,也就是如果不是与物的现象方式完全迥异的物自体,如果不是与所有物理存在物异质的形而上学之物,又能是什么呢?这就是在我们身上和在所有存在物之中的意志。

每一个存活着的生命体就是全部世界的中心。所以实际存在对于生命体而言,就是所有其他的一切。利己主义因此被树立了起来。如果相信说死亡会消灭这一切,简直荒唐可笑,殊不知所有的存在正是由此而来(请参见《作为意志和表象的世界》第 2 卷,第 496 页)。

§67

我们哀怨我们生活在黑暗之中,哀怨不能触及存在的全部,更别提在整体上理解我们的自我存在,不仅我们的生命是短暂的,连我们的认识也要被完全束缚在这生命之中。因为我们既不能溯回到出生之前,也不能凝视到死亡之后,我们的意识好像只是一道闪电,在夜里划亮一瞬间。这真像是有个魔鬼,鬼鬼祟祟地把一切敞亮的知识都给我们遮起来,好看着我窘迫的样子,在一旁幸灾乐祸。

事实上,这份抱怨没有什么道理。因为这抱怨源自一个假象,而假象又是被错误的基本观点带来的。这个错误的基本观点认为,物作为整体在其变成实际存在物之前,是以人的智力为出发点的,然后再转变成为纯粹的表象。但照这么说,物的整体存在就似乎是从知识中生发出来的,那么对认识而言应该是全然开放的,是可以被探究的,而且凭借知识就可以道尽说明白了。然而,真理却是我行我素的,所有我们无从得知而抱怨连连的东西,就是不让任何人知晓。是的,根本上就是不可知的,也就是不能被表象的。因为表象之为表象,是因为所有的认识活动都在表象的领域内,因而所有知识都与表象相关,但也仅仅是存在物的外表皮,是次要性的、附带性的。表象绝不是用来保护物的存在,表象仅仅是为了将那些分散的动物性生物存在维系在一起。所以说,物的存在一定并且从整体上看起来都只是偶然(*per accidens*)的,即是说被限制在了知识当中。在动物性意识的绘画创作活动中,物的存在只负责将背景描绘出来,意志的各种客体才是本质性的中心内容,占据了视线的最前沿。由于偶然的原因,在空间和时间里延伸出我们的世界来,也就是延伸出表象的世界来;故而这世界中如此这般的存在物,也不会外于知识而存在。然而世界的内在本质却相反,自在的实在存在完全独立于这样的存在物之外。原因正如我说过的,知识的目的只在于维系单个动物个体的存在,从而知识的全部特质,即知识的所有形式,如时间、空间,等等,也纯粹只是为了这样的目的被设定出来。我们服务于这样的目的，只会要求知识了解某些现象之间的关系内容，绝不会要求对自在之物和世界的整体有什么认识。

康德已经为我们证明出来，令每个人或多或少都内心不安分的各种形而上学问题，本身没有能力获取任何直接的解决方案，也就是不具备能力找到令人满意的解答。最根本的原因是因为形而上学的源头其实依然发端于我们的智力的形式之中（时间、空间和因果律），这种智力又具有向个体的意志指派动机的功能。也就是说，通过使用各种方法和指出动机的方向，把自己强加给欲望的各种对象，然后再向个体的意志指出来。然而一旦把这种智力滥用（abusive）到物的自在本质上，滥用到世界的整体和联系之上，那么我们所提及的依附于智力的各种形式，也就是所有任意可能的物之间并存着的、前后相继的乃至杂乱无章的关系间所具有的形式，就会孕育出形形色色的形而上学问题来。比如说，什么是世界的根源与目的、开端与结尾，以及什么是自我的根源与目的、开端与结尾；又比如问，通过死亡的自我毁灭是什么，或者说死后的自我继存又是什么；再比如，探究什么是意志自由，等等，不胜枚举。假如我们想把那些智力的形式一次全部扬弃掉，然后只留下一个对所有物的意识，即便如此，那些形而上学的问题也不会就此被解决了，倒不如说只是消失了，人们觉得没有意义再去谈论形而上学的问题了。由于形而上学的各种问题完完全全起源于智力的那些形式，故而形而上学问题的立意全然不是为了理解这个世界及存在物，纯粹只是为了了解何为我们的私人目标。

此文所有的考察无非是对康德理论的一个注解和一次客观阐

释,康德作为原作者已经从主观的角度阐释过。康德说,知性的所有形式纯粹只有内在的应用,而没有超验的应用。我们还可以换个说法:智力是物理学式的,不是形而上学式的。也就是说,智力萌发于意志并从属于意志的客体化,所以智力只能服务于意志,智力所能触及的也只有在自然界中的各种物,不是什么超出自然界而屹立的东西。任何一种动物(正如我在《论自然界中的意志》一书中论述和证明了的)的智力,其存在的目的当然只会是为了能发现猎物和捕获猎物,从而动物智力的适用性也被确定在一定的范围内。但在人类身上,情况也不会有所不同,只不过由于继续存在的难度更高,而且人类的需求还会无限制膨胀,使得有必要扩大智力的适用范围。只有当出现不平常的状况,使得智力的适用范围被极大地扩张,才会导致完全无空余的满足状态。这种智力当其显露特殊才具时,我们便称为"天才"。只有这种智力才会做到真正的"客观",只不过也存在着一种趋势,那就是这种智力本身在某种程度上也会变成了形而上学式的,或者说至少是在致力于成为形而上学式的。此时大自然自身以及物的整体性都因着这种智力的客体性要求,成为智力的认识对象和要解决的问题。自然也就顺理成章地从此智力中发端出来,自然因而被如此真实地感觉到,原来自然就是这个样子,当然似乎可以不是这个样子,或者说也可以是别的什么模样。但在庸常的智力也就是正常的智力中,自然还未曾被准确地感觉到,好比磨坊工听不见磨臼的声音,或是香水师闻不到香水的味道一样,自然在寻常智力的眼中是自明而明的。所以这智力也便困于自然之中,仅仅在一些光照的瞬间里寻常智力真实地感受到了自然,并且会为自己如此接近自然而感到惊讶,然而稍纵即逝。至于说那些庸常的头脑对哲学的贡献，就算把他们的全部功绩收拢在一起，也几乎可以忽略不计。相反，如果某人的智力无论从源头还是功用上都是形而上学式的，那么拥有这份智力之人，特别是如果他还具备了许多适合的能力时，完全可以像在其他任何一个科学领域内一样，不断地促进哲学事业的进步。

注释

[1]　根据 *Arthur Schopenhauer Sämtliche Werke* Band Ⅴ，Stuttgart，1986，S. 719—735 翻译。

[2]　塞克斯都·恩披里克(Sextus Empiricus，约 2 世纪)，罗马哲学家，皮浪怀疑主义代表人物之一。——译者注

[3]　波菲利(Porphyrios，233—约 305)，古罗马哲学家。——译者注

[4]　格扎维埃·比沙(1771—1802)，法国生理学家和解剖学家。——译者注

[5]　皮埃尔·让·乔治·卡巴尼斯(1757—1808)，法国解剖学家与哲学家。——译者注

[6]　卡巴尼斯主要著作的书名。——德文版注

后　记

　　柏林洪堡大学哲学系的走廊两旁悬挂着伟大的思考者们的肖像画，他们都与柏林大学渊源颇深，或曾求学于此，或曾为这所大学奉献过自己的才能，其中有哲学家黑格尔，有神学家施莱尔·马赫。至于卡尔·马克思那句振聋发聩的名言——哲学家们只是用不同的方式解释世界，而问题在于改变世界——依然骄傲地矗立在入口！然而，隐居于法兰克福的前柏林大学讲师阿图尔·叔本华却被柏林彻底地遗忘了。

　　叔本华，游离于学院教授体系之外的一位哲学家，思想干净而恰到好处，没有丝毫的多余，他似乎知晓为此需付出的代价。一位30岁之前便出版了一生中最重要著作的思考者，活到72岁离世，不得不令人相信他不会未察觉到，他的理论中存在着各种各样的"问题"。不过，他依旧无动于衷，不愿意再动动手指动动笔，使自己的哲学思想在衔接上接近完美的程度。叔本华拒绝了，就像德国的正统哲学界拒绝了他一样，尽管叔本华在国内在国外都声名鹊起。

　　作为这本书的译者，我的责任是要将叔本华的思想与美以一种对他而言完全陌生的语言再现出来，使地球另一个角落里的人们，也可以没有阻碍地阅读与欣赏他的作品，可以轻松愉快地谈论与批评他的想法。对我而言，这是更重要也更有意义的事情。

我们或许都有这样的经历或感受，在哲学家与思考者的谱系中，有一些是我们没有办法忽视或是跳过的，如尼采，如马克思，但是相对地总有些人被我们有意无意地遗漏掉，如叔本华。虽然散发着诗人气息的散文作家叔本华从未真正离开过我们的视线，可是只有当我们呼唤新时代的新思想，开始重新检视我们的过去并且重新树立起伟大精神的榜样时，作为哲学家的叔本华才又隐隐约约地出现在我们的面前。

无论过去还是现在，无论是在他的母国还是在全世界，叔本华的读者大部分都不是栖身于学院体制中的人群。我曾经也是这样的一个叔本华读者，少年时代备受成长与学习双重痛苦的煎熬，正如罗曼·罗兰所说，人类心灵中的一种"疼痛"向我们袭来了，为与生命重新和解我们亟需生活上乃至精神上的引路者，假如我们在现实的生活中寻觅不到，那么我们只有越过现实的界限，打破时间的禁锢！我选择了叔本华。多年后，我在波茨坦参加了一次文化活动，遇见一位谢顶而精神抖擞的德国教授，他告诉我当年他在民主德国的大学里念哲学时，曾经修过一门课，专门讨论和批判资产阶级的思想家们，其中便有叔本华，他却从此喜爱上了他。一晃竟十年，那时懵懂固执的我，偏偏会被尼采与叔本华诱惑，虽然在今天看来，那时并未了解一个真正的叔本华，似懂又非懂，却无法忍住不再去看，不再去想，不再去感受字里行间里按捺不住的强大精神力，时刻都想陶醉在美的震撼当中。脱去少许少年的稚嫩步入青春之后，我才慢慢地感到不安，越来越无法忍受我对叔本华其实一无所知的真实面目，于是为了彻底弄清楚叔本华究竟对我说了什么，究竟要对我再说些什么，亦步亦趋也是糊里糊涂地就把两只脚踩到了学院的泥土路上。而叔本华之于我也逐渐地从引路者的角色转变成为了我的老师，我的朋友。叔本华，我的骄傲而严厉的老师，亲切而又保持着距离的朋友。

我们在短暂而又漫长的生命之中，总会遇见一些人，会遇到一些事，足以彻底地改变我们，足以令我们的本质回归，足以使我们激情燃烧，也足以让我们自动安静。这些年来从未真正离开过叔本华，这位亦师亦友的叔本华，看见我从无知迷惘躁动钻入思辨的静穆，躲入审美的愉悦之中，又见证我从枯竭静止的精神世界里重新融入勃勃生机跳动不止的现实世界之中，我最后想感谢叔本华，也要感谢善良的人、可爱的人与最珍贵的人。

在此特别感谢上海人民出版社任俊萍老师，两年多来对我的耐心和帮助！

献给绽放在柏林的紫薇！

齐格飞

构思于柏林，脱稿于美因茨

2014 年 12 月

图书在版编目(CIP)数据

叔本华论生存与痛苦/(德)叔本华
(Schopenhauer, A.)著;齐格飞译.—上海:上海人
民出版社,2015
ISBN 978-7-208-12840-8

Ⅰ.①叔… Ⅱ.①叔… ②齐… Ⅲ.①叔本华,A.
(1788~1860)-哲学思想 Ⅳ.①B516.41

中国版本图书馆 CIP 数据核字(2015)第 043993 号

责任编辑 任俊萍
装帧设计 小阳工作室

叔本华论生存与痛苦

[德]叔本华 著

齐格飞 译

出　　版　上海人民出版社
　　　　　(200001　上海福建中路 193 号)
发　　行　上海人民出版社发行中心
印　　刷　常熟市新骅印刷有限公司
开　　本　635×965　1/16
印　　张　17.25
插　　页　4
字　　数　180,000
版　　次　2015 年 7 月第 1 版
印　　次　2018 年 5 月第 3 次印刷
ISBN 978-7-208-12840-8/B·1108
定　　价　48.00 元

根据 Schopenhauer Die Kunst，Recht zu behalten 和
Arthur Schopenhauer Sämtliche Werke 翻译

叔本华系列平装书目

叔本华论生存与痛苦	齐格飞 译
人生的智慧	韦启昌 译
叔本华思想随笔	韦启昌 译
叔本华美学随笔	韦启昌 译
叔本华论道德与自由	韦启昌 译
叔本华哲学随笔	韦启昌 译

叔本华系列精装书目

人生的智慧	韦启昌 译
叔本华思想随笔	韦启昌 译
叔本华美学随笔	韦启昌 译
叔本华论道德与自由	韦启昌 译
叔本华哲言录	韦启昌 译
叔本华哲学随笔	韦启昌 译